EISS Yearbook
1980-1981·Part II

Annuaire EISS
1980-1981·Partie II

The social security and the economic crisis

Proceedings of the European Institute for Social Security

La sécurité sociale et la crise économique

Travaux de l'Institut Européen de Sécurité Sociale

European Institute for Social Security

Institut Européen de Sécurité Sociale

SPRINGER-SCIENCE+BUSINESS MEDIA, B.V.

The social security and the economic crisis

La sécurité sociale et la crise economique

EISS Yearbook 1980-1981 Part II
Annuaire EISS 1980-1981 Partie II

The social security and the economic crisis

Proceedings of the European Institute for Social Security

La sécurité sociale et la crise économique

Travaux de l'Institut Européen de Sécurité Sociale

European Institute for Social Security
Institut Européen de Sécurité Sociale

Springer-Science+Business Media, B.V.

Distribution in the USA

Kluwer Law and Taxation Publishers
190 Old Derby Street
Hingham, MA 02043
USA

Cover design: Pieter J. van der Sman

'The Library of Congress has cataloged this serial publication as follows:'

EISS yearbook = Annuaire EISS – – Deventer
The Netherlands; Boston, Kluwer; Hingham, MA;
Kluwer Law and Taxation Publishers, c1980-

Description based on: 1978-1980.
English and French.
Issued by the European Institute for Social Security

1. Social security-Europe-Collected works. I. European
Institute for Social Security. II. Title: Annuaire EISS.
HD7164.A25 368.4'0094 81-641461

D/1982 2664 63

ISBN 978-90-3120-167-9 ISBN 978-94-015-3734-6 (eBook)
DOI 10.1007/978-94-015-3734-6

Table of contents

Prof. Dr. G.M.J. Veldkamp

Introduction

The Colloque of our European Institute for social security to prepare the Conference in the Hague on the social security and the economic crisis was held from the 17th till the 19th of September in Toledo.
Part II of the Yearbook 1980-1981 contains the reports presented in Toledo. The reports are focussed on the overall economic situation (Richard Draperie); the specific problems of Pensions (Bernd Schulte); the cost of medical care (Leo Crijns); unemployment insurance (Joachim Volz); the social minimum (André Laurent) and two special reports on the economic crisis and social security. Finally it contains my own synthesis report.
All the participants had the opinion that the colloque created a fruitfull basis for a further in depth discussion in the Hague in 1982.
The Institute once again wants to express its sincere gratitude to Antonio Chozas and his colleques for the excellent and adequate way in which they organised the colloque.

The Hague, 15th May 1982

Prof.Dr. G.M.J. Veldkamp
President

Richard Draperie

L'environnement économique des années 80

En cette fin du XXème siècle, les exercices de prospective ne manquent pas. La prospective, c'est l'art de discerner dans la réalité présente ce qui appartient au futur et, à partir de là, d'explorer les voies possibles du comportement et de la décision. L'exercise n'est pas sans risque pour l'économiste professionnel, encore moins pour celui qui, comme moi, ne dispose pas directement, dans le cadre de son secteur de compétence, d'un appareil scientifique important qui pourrait lui donner l'apparence de l'objectivité.

Aussi bien mon exposé est-il plutôt conçu comme un essai de clarification. Il doit beaucoup tant aux travaux prospectifs menés par les services économiques de la Commission des Communautés Européennes, qu'à ceux de l'OCDE, en particulier dans le cadre du projet 'interfuturs'.(1)

L'optique de ce dernier projet est celle des sociétés industrielles avancées à l'économie de marché - ce qui est le cas des Etats membres de la Communauté - dont l'avenir ne peut évidemment se concevoir qu'en relation avec les autres composantes de la collectivité internationale.

Sous ces réserves, trois tendances fondamentales me paraissent devoir dominer l'économie des années quatre vingt:

- Le ralentissenment de la croissance économique,
- L'accélération des mutations structurelles, et
- L'intensification de l'interdépendance économique mondiale.

A chacune de ces tendances, peut être associée une problématique de l'action, ou - pour employer un mot à la mode - 'un défi'.

- Le ralentissement de la croissance conduit à s'interroger sur la capacité des Gouvernements à maîtraiser cette situation nouvelle;
- L'accélération des mutations structurelles met en question les possibilités d'adaptation des sociétés industrielles avancées et d'économies arrivées à un stade de maturité;
- Enfin, L'intensification de l'interdépendance économique pose la question de l'ordre économique international.

Si l'avenir est largement en germe dans le présent - sous forme de tendances et de données nouvelles qui prendront progressivement de l'ampleur -, il est aussi 'ce que nous le ferons'. Selon le mot de Lewis Mumford: 'La tendance ce n'est pas le destin'. En d'autres termes, c'est l'interaction des tendances et de l'action qui modèle le futur, ce qui donne à tout exercise de prospective un caractère nettement conjectural.
Ces réflections permettront, je l'espère, de faire ressortir les exigences auxquelles les citoyens, les pouvoirs politiques et les entreprises seront confrontés au cours d'une période qui s'annonce indiscutablement difficile.

LE RALENTISSEMENT DE LA CROISSANCE

A. *Le Constat*

1. Il n'est pas besoin d'être grand économiste pour constater que quelque chose s'est détraqué dans la machine qui avait assuré, depuis la fin de la Seconde guerre mondiale une croissance sans précédent de l'economie mondiale. La cassure peut même être datée avec une certaine précision. Elle s'est manifestée au début des années 70 par un certain nombre de dérèglements:
- La dislocation entre 1970 et 1972 du système monëtaire international de Bretton Woods, fondé sur des parités de change fixes;
- la récession inflationniste de 1970-71, à partir de laquelle on a forgé l'expression 'stagflation' pour désigner ce mélange insolite de stagnation et d'inflation;
- la crise pétrolière qui s'est traduite, à la fin de 1973, d'abord par des embargos, puis par un quadruplement des prix, mais qui était déjà latente depuis quelque temps.

Ce sont là les signes manifestes d'un grand bouleversement et non - comme certains l'avaient pensé - la simple coïncidence d'événements accidentels. Cependant les économistes sont loin d'être d'accord entre eux sur l'interprétation qu'il convient de donner à l'evolution sous-jacente qu'ils traduisent. Ainsi, nul ne peut dire avec certitude quand le chômage qui frappe les économies occidentales et qui est généralement qualifié d'intolérable dans les communiqués officiles, disparaîtra.

2. Le thème du ralentissement de la croissance n'est pas un thème nouveau. Dès le début des années 1970, le 'Club de Rome' avait jeté le célèbre cri d'alarme 'Halte à la croissance' et annoncé que celle-ci ne pourrait pas se poursuivre en raison, notamment de la pénurie de certaines matières premières et de l'apparition de déséquilibres écologiques. Ce qui s'est produit est, en fait, bien différent. Ce n'est pas un arrêt de la croissance; ce n'est pas l'apparition de pénuries phisiques; ce n'est pas une catastrophe écologique (au contraire, la qualité de l'environnement s'est nettement améliorée au Japon, en Amérique du Nord et en Europe), mais une cassure du rythme: alors qu'au cours des années soixante, le produit intérieur brut de la zone OCDE s'etait accru de 5% par un environ, ce taux a été ramené à 3,5 au cours des années soixante-dix. Dans le même temps, le taux d'inflation a en moyenne triplé;

il avait même quadruplé si l'on prend pour référence le taux annuel de hausse des prix en fin de période.

3. Pourquoi ce ralentissement de la croissance? les économistes ont apporté des explications nombreuses, mais divergentes:

- les néo-classiques y ont vu l'effet d'un assoufflement de la demandes et d'une réduction de la productivité due à l'augmentation plus rapide de la main-d'oeuvre potentielle, à un moindre transfert de l'agriculture vers les autres secteurs et à la diminution des dépenses de recherche et d'investissement.
- Les néo-malthusiens y ont naturellement vu le résultat. de pénuries diverses, des dépenses de conservation de l'environnement et ont avancé l'hypothèse de rendements décroissants de la technologie;
- Les libéraux y ont vu le résultat des interventions abusives de l'Etat et du développement excessif des dépenses sociales et les marxistes une confirmation de la baisse tendancielle des taux de profit capitalistes
- tandis que certains économistes proches des gouvernements avancaient la thèse d'un simple accident de parcours dû à la conjonction de causes temporaires, d'autres remettaient en honneur le cycle long mis en évidence par Kondratieff.

Sans chercher ici à donner ma propre interprétation doctrinale, je me bornerai à faire deux constatations.

- *En premier lieu*, un certain nombre de facteurs de soutien de la croissance qui avaient caractérisé la phase précédente (reconstruction, poussée démographique de l'après-guerre, montée en puissance de l'Allemagne et du Japon, création d'ensembles économiques régionaux...) ont cessé de jouer le même rôle dynamique; de plus les gains de productivité associés à de forts investissements et à des dépenses élevées de recherche ont effectivement eu tendance à diminuer. L'érosion des profits en est sans doute la cause.
- *En second lieu*, la crise énergétique a entraîné, pour l'économie mondiale, un choc majeur. Chaque augmentation des prix relatifs du pétrole a des effets comparables à un prélèvement fiscal sur la demande solvable des pays importateurs. En modifiant les termes de l'échange, elle exerce des effets déséquilibrants sur les balances de paiements courants. Enfin, la hausse des prix de l'énergie se répercute en chaîne dans tous les prix à la production et frappe d'obsolescence une partie des investissements.

4. La tendance au ralentissement se maintiendra-t-elle? C'est une question ambiguë que l'on pourrait décomposer en deux sous-questions:
Les taux de croissance resteront-ils faibles ou bien vont-ils tendre à s'amenuiser encore. J'aurais tendance à répondre oui à la première question et plutôt non à la seconde.

a. Il est probable que les taux de croissance resteront modérés, voire médiocres, si on les rapporte aux ressources de main-d'oeuvre. En effet, au cours d'une période de transition qui pourrait aller jusqu'à la fin du siècle, les économies des grands pays industrialisés resteront sous la menace d'un déséquilibre du marché de l'énergie. Qu'elles croissent un peu trop vite et la sanction, sous forme d'augmentation des prix, sera sévère, de sorte que la croissance future est étroitement conditionnée par le développement de nouvelles sources d'énergie et par les efforts d'économie d'énergie, efforts qui, au-delà des mesures destinées à mettre fin à de simples gaspillages, coûtent cher. Une autre considération liée à la première, est la difficulté de réduire l'inflation lorsque celle-ci a pris un car actère structurel.
Dans une situation caractérisée par de grands déséquilibres extérieurs, aucun gouvernement ne peut prendre le risque de politiques de relance car l'endettement a ses limites. comme le montre, *a contrario*, l'exemple de certains pays scandinaves après la première augmentation des prix du pétrole. Nous sommes donc condamnés à la prudence pour ne accroître exagérément la facture énergétique et pour ne pas compromettre la compétitivité par une inflation excessive. C'est un point capital qui fait l'objet d'un consensus international, comme en ont témoigné jusqu'ici les 'sommets' économiques et les grandes réunions annuelles de l'OCDE et du FMI, car les changements politiques survenus rècemment en France tendront à modifier la dialectique en cours.
b. Est-ce à dire que les taux de croissance vont tendre à s'amenuiser encore? Bien que la tendance à court terme puisse le faire penser, je ne crois pas, pour ma part, à une fatalité de ce genre. En effet, tout aussi remarquable que le ralentissement de la croissance est le fait que, depuis le début des années soixante-dix, celle-ci se soit poursuivie et, notamment, que le premier choc pétrolier ait été finalement assez bien absorbé. Les mêmes facteurs de rigidité qui rendent compte de taux d'inflation séculairement élevés, peuvent être

considérés comme des facteurs de stabilitation incorporés: je citerai pas exemple la rigidité à la baisse des revenus réels, l'indemnisation du chômage, l'intetie des dépenses de santé et d'éducation. Quant à la baisse tendancielle de productivité invoquée par certains, elle ne me paraît nullement démontrée, sauf peut-être aux Etats-Unis. Encore ne s'agit-il pas d'un phénomène irréversible. On pourrait en conclure que les contraintes nouvelles nées de la crise de l'énergie interdisent des taux de croissance élevés sans pour autant impliquer des taux nuls ou négatifs.

B. *Un défi pour les Gouvernements*

La perspective d'une croissance réduite - de l'ordre de 2 à 3,5 par an - ne peut pas être acceptée de gaîté de coeur par les Gouvernements.

- *Sur le plan social*, elle rend très difficile de résorber le sous-emploi dans les pays qui connaissent encore un accroissement de la population en âge de travailler (lecas des jeunes) ou désireuse de le faire (le cas des femmes), alors que la productivité du travail continue d'augmenter, et que les mutations structurelles créent un chomâge d'inadaptation. Elle entraîne aussi des tensions catégorielles dans la répartition des revenus, tensions qui se dénouent fréquemment sous forme d'une inflation supplémentaire.
- *Sur le plan des finances publiques*, elle rend la gestion budgétaire plus malaisée et incite à un accroissement de l'endettement public, qui constitue éventuellement une autre cause d'inflation;
- *Sur le plan international*, enfin, elle limite les possibilités d'aide aux pays en développement, moins de façon mécanique que pour des raisons politiques.

Mais, malgré leur désir certain de renouer avec la croissance confortable des années passées, les gouvernements - pour les raisons déjà évoquées - déséquilibre énergétique, problèmes de balance de paiements, inflation - ne peuvent se fixer un tel objectif. Ce qui frappe au contraire depuis 1973, c'est un certain désarroi des sphère dirigeantes, comme si tout à coup, par une sorte de magnétisme pervers, les instruments les plus éprouvés ne marchaient plus. Il est de bon ton dans ce cas, d'accuser les économistes et ce sont les néo-keynésiens qui le plus souvent en font les frais: Il serait plus équitable de reconnaître que les politiques anti-cycliques mises au point après la guerre ont été remarquablement efficaces, mais qu'elles

n'ont pas été conçues pour faire face à la situation entièrement nouvelle qui caractérise l'économie depuis les années soixante-dix.
En effet, l'idée a fini par se faire jour que la faiblesse de la croissance ne résultait pas, comme souvent dans le passé, d'une insuffisance de la demande solvable ou d'un excès d'épargne interne, mais de facteurs structurels plus profonds affectant les moyens de production eux-mêmes, qu'il s'agisse de l'energie, des équipements ou de la main d'oeuvre. De même, l'inflation actuelle ne provient pas en premier lieu d'un excès de la demande globale que la politique budgétaire et monétaire pourrait aisément corriger. C'est en partie une inflation importée et en partie l'effet d'un désajustement structurel entre la production et les revenus.
C'est pourquoi, contrairement aux crises conjoncturelles (qui subsistent d'ailleurs en surimpression), la crise structurelle actuelle ne débouche pas sur une 'sortie' que l'on puisse dater avec quelque certitude. Elle n'appelle en effet que des améliorations relatives destinées à desserrer les deux contraintes principales: *la contrainte énergétique* et la contrainte de l'inflation structurelle.

a. *La politique énergétique* est devenue une composante essentielle de la politique économique. Pour les pays importateurs, le problème est de réduire la facture pétrolière sans priver l'économie d'un produit de base essentiel. Cela passe par le développement des sources domestiques d'énergie et surtout par une utilisation plus rationnelle de l'énergie. De nombreux calculs ont montré que les investissements dans les économies d'énergie sont parmi les plus rentables qu'on puisse réaliser, car au-delà de leur effet immédiat ou micro-économique, ils contribuent à amé liorer les possibilités de croissance de l'économie toute entière. Les résultats déjà obtenus à cet égard dans les pays del'OCDE ne sont pas négligeables et la poursuite de ces efforts permettrait d'éviter, dans l'hypothèse d'une croissance moyenne, un déséquilibre important du marché pétrolier à l'horizon de 1990, à la condition toutefois que les pays de l'OPEP contienent à produire au rythme actuel.
A plus long terme et tant que l'énergie nucléare, le charbon et les énergies renouvelables n'auront pas pris le relais du pétrole, l'avenir -energétique reste incertain, car d'une part, les efforts d'économie reviendront de plus en plus difficiles, d'autres part, on peut prévoir une augmentation massive de la demande des Pays en développement (PED) à la conférence

mondiale de l'énergie réunie à Munich, on a pu évaluer que les PED utiliseraient 3 milliards de tonnes de pétrole, en l'an 2000, soit l'équivalent de la production mondiale actuelle.

b. *En ce qui concerne la deuxième condition,* qui est la réduction de *l'inflation structurelle,* il est difficile de se montrer optimiste. En effet, une fois installée, l'inflation tend à se perpétuer par divers mécanismes de contagion et d'indexation, de rigidité des prix et des salaires à la baisse, dehausse des taux d'intérêt etc. Le ralentissement de la croissance offre en lui-même une certaine garantie contre la 'surchauffe', mais, dans une économie qui manque d'élasticité, il se traduit de façon quasi mécanique par une réduction de la productivité des facteurs.
La compression de la masse monétaire a elle aussi un certain effet modérateur sur la demande, mais elle ne s'attaque pas, à mon sens, aux causes du mal.
En fait, la résorption de l'inflation ne peut résulter que d'un renforcement du consensus social, permettant d'imposer des sacrifices temporaires de revenus et de remettre en cause un certain nombre de situations acquises, ce qui est à l'évidence très difficile.
En définitive, le taux de hausse des prix dans des sociétés modernes, dont aucune ne connaît un fonctionnement parfait du marché, ne fait que traduire la capacité ou l'incapacité des gouvernements à assurer une certaine discipline dans la répartition des revenus. L'exemple de certains pays européens est significatif à cet égard.

Une dernière question se pose: n'y a-t-il pas un risque que la médiocrité de la croissance débouche sur une grande crise analogue à celle des années 30?.
Jusqu'ici les gouvernements et les opérateurs privés se sont montrés capables de maîtriser les énormes déséquilibres provoqués par la crise énergétique. Les capitaux pétroliers ont été recyclés. Il n'y a pas eu de grave crise d'endettement et les problèmes de quelques pays ont trouvé des solutions. Je pense qu'il en ira de même dans les 10 années à venir, mais non sans une sensible aggravation dela situation des pays pauvres. Le risque d'un crise majeure ne peut pas entièrement être écarté, mais il est faible.
Il est lié pour l'essentiel à la possibilité d'une succession de chocs pétroliers en chaîne qui ne laisseraient pas aux économies le temps de s'adapter;

ces chocs pourraient résulter soit d'un renforcement du cartel des pays exportateurs, soit d'une déstabilitation de ces mêmes pays. En face de tels développements les pays occidentaux, il faut bien le dire, sont à peut près impuissants; et à des réactions de panique des gouvernements qui pourraient être tentés de se réfugier dans une politique du 'echacun pour soi' (Beggar my neighbour's policy): repli protectionniste, guerre commerciale et monétaire. Les gouvernements paraissent assez conscients de ces risques pour qu'ils puissent être évitès.

II. LA RESTRUCTURATION DE L'ECONOMIE MONDIALE

La période qui est devant nous ne sera pas seulement une période à moindre croissance; ce sera aussi une période de restructuration intense de l'économie mondiale, aussi bien du point de vue sectoriel que du point de vue géographique, et la combination de ces phénomènes pourrait être assez explosive sur le plan social.

A. *Les mutations attendues*

1. *Un grand nombre de facteurs sont ici à l'oeuvre:*

- L'augmentation des coûts relatifs de l'énergie et des produits de base non renouvelables, en raison des déséquilibres des marchés, des rendements décroissants dans l'extraction et, dans le cas du pétrole, de la capacité et de la volonté des pays producteurs d'exploiter la rente dont ils bénéficient;
- l'augmentation des coûts 'externes' de la production industrielle, c'est-à-dire des coûts indirects ou diffus: charges sociales au sens large (y compris les charges des inactifs), dépenses d'environnement et de sécurité, etc.;
- l'accroissement différentiel des coûts de la main d'oeuvre qui est lié non seulement à la diversité des situations démographiques mais encore à l'hétérogénéité des législations sociales.

Cependant, ces trois facteurs voient leurs effets corrigés par les progrès de la technologie qui ne manqueront pas d'affecter grandement, mais de manière difficilement prévisible, le développement et la localisation des activités économiques. Il serait vain de chercher à décrire ici l'ensemble des changements susceptibles d'influer sur la répartition des activités économiques. Je me contenterai donc d'un survol rapide.

2. Dans la plupart des pays avancés, la réduction de la part du secteurs agricole dans le PIB et dans l'emploi commence à atteindre ses limites, tandis que la part du secteur manufacturier a déjà commencé à se réduire. L'exemple type est celui des Etats-Unis où l'emploi se répartit 3,7% - 31,2 - 65,1. En prolongeant cette tendance, certains auteurs, comme Daniel Bell et Hermann Kahn, ont conclu un peu rapidement que nous allions vers une société 'post-industrielle', société d'abondance, fortement urbanisée, à dominante tertiaire, dans laquelle les fonctions scientifiques et d' organisation seraient reines. Cette utopie technocratique des années soixante paraît aujourd' hui démentie par les faits. Elle postulait, en effet, une croissance forte et la prolongation des tendances premières et négligeait certaines données géopolitiques importantes.

3. En revanche, un phénomène capital est celui de l'industrialisation du Tiers-Monde.
Il faut mentionner ici une conclusion importante du rapport Interfuturs. C'est celle qui concerne la distribution de la valeur ajoutée industrielle en l'an 2000. En 1970, les pays du Tiers-Monde disposaient de 7,7% du total mondial. Selon les divers scénarios imaginés par l'équipe d'Interfuturs, cette part atteindrait en l'an 2000 entre 16,4 et 19,1% et, si l'on tient compte de la Chine, entre 24,4 et 27,3%. Ces calculs corroborent ceux du rapport Léontieff, publié par l'ONU en 1976, qui accordait aux PED 24% de la production industrielle mondiale en l'an 2000. C'est dire que l'objectif fixé il y a quelques années à Lima dans une conférence de l'ONUDI, la branche industrielle de l'ONU, selon lequel les PED devraient disposer de 25% de la production industrielle mondiale à la fin du siècle n'est pas aussi utopique que certains veulent bien le dire.
Tandis que la pauvreté reste le sort commun de millions d'hommes, deux groupes de pays se détachent du lot des pays en développement:

- d'une part, *les pays exportateurs de pétrole*, pays souvent démunis de main-d'oeuvre qualifiée mais disposant d'énergie bon marché, d'espace et de capitaux. Ces pays apparaissent particulièrement bien placés pour développer des industries lourdes telles que la pétrochimie, la production d'engrais, la métallurgie. Les complexes de Jubaīl et de Yanbu en Arabie saoudite symbolisent cette évolution. D'autre part, les pays de l'OPEP, les moins peuplés, incapables d'utiliser la contrepartie de leurs ventes de pétrole, apparaissent désormais comme un centre majeur de la finance internationale.

- Une deuxième catégorie de pays se distingue du lot: c'est celle des '*nouveaux pays industriels*'. Il s'agit d'un groupe d'une dizaine de pays qui sont entrés récemment dans la phase de 'décollage' industriel. En Asie, la Corée du Sud, qui est capable d'imiter à plus petite échelle le miracle japonais, Taïwan, Singapour, Hong-Kong, les Philippines. En Amérique latine, le Brésil qui sera une grande puissance à la fin du siècle, le Mexique, la Colombie, peut-être, si les circonstances s'y prêtent, l'Argentine et le Chili. Les NPI se caractérisent notamment par un niveau technique et éducatif supérieur à la moyenne des pays en développement, par des coûts de main-d'oeuvre encore très bas, des gains de productivité très élevés, un endettement très fort (ainsi la charge de la dette publique et privée atteint-elle 11,3 milliards de $ pour le Brésil et 12,6 milliards pour le Vénézuela). Leur taux de croissance potentiel est typiquement de l'ordre de 10% et plus. Ainsi, il est probable que vers la fin du siècle, un certain nombre de PED d'aujourd'hui, comptant ensemble plus de 500 millions d'habitants, auront rejoint le groupe des pays industrialisés. En moins de 50 ans. Ils auront donc accédé à un niveau de revenu qu'il nous a fallu un siècle et plus à atteindre.

4. Comment cela va-t-il affecter les vieux pays industriels que nous sommes.

- On doit s'attendre en premier lieu à une régression dans deux types d'industries qui se trouveront, si ce n'est déjà fait, rapidement concurrencées par les nouveaux compétiteurs: pays en developpement, pays de l'OPEP ou pays de l'Est:
  - Il s'agit tout d'abord d'un certain nombre d'industries lourdes et polluantes pour lesquelles les technologies avancées sont aisément transférables. C'est le cas dela sidérugie, de la première transformation des métaux non-ferreux (en particulier l'aluminium), dela chimie minérale, dela construction navale.
  - Les autres secteurs menacés sont ceux qui requièrent d'importants apports de travail peu ou moyennement qualifié, comme c'est le cas, déjà aujourdlbuj, du textile de l'habillement, de la chaussure.

Ce pourrait être le cas demain d'une partie des industries mécaniques et électriques, notamment dans l'automobile et ses activités de sous-traitance.

- A l'inverse, on peut s'attendre dans nos pays industrialisés à des développements rapides, non seulement dans les industries de services comme les transports, la banque, l'assurance, l'ingénierie, mais aussi dans les branches où l'innovation est susceptible de procurer des gains de productivité élevés. A cet égard, trois domaines me paraissent, en particulier, promis à un brillant avenir:

a. le premier est ce qu'on pourrait appeler le 'complexe énergétique' dans lequel, sous la pression de prix croissants, des investissements colossaux devront être réalisés tant pour la recherche que pour les équipements entrant dans cette catégorie: Il s'agit non seulement des activités traditionnelles de prospection et d'extraction de combustibles fossiles (pétrole, gaz naturel, charbon) qui ont à l'évidence des marchés très ouverts, mais aussi
   - du développement des énergies nouvelles, essentiellement de l'énergie nucléaire et d'énergies renouvelables (géothermique, solaire;
   - du conditionnement des énergies traditionnelles (utilisation des résidus du pétrole, désulfuration gazéification et liquéfaction du charbon, carburants de synthèse);
   - et de toutes les activités susceptibles de contribuer aux économies d'énergie (isolation, automatisme et régulation, récupération de chaleur, etc.).

b. Un second domaine de croissance sera assurément le complexe fondé sur les applications de la microélectronique, de l'informatique et des télécommunications, avec ses diverses branches (télématique, robotique, bureautique....).
   Nous assistons là à des développements qui vont révolutionner les activités de services (commerce, banque, information, enseignement) et procurer de nouveaux gains de productivité dans l'industrie, elle-même (miniaturisation, automatisation).

c. Le troisième domaine englobe la chimie fine, la biologie et les industries agro-alimentaires. Les innovations qui sont en cours dans ces domaines relèvent de la biologie cellulaire et de la génétique. Elles sont d'importance capitale car elles intéressent directement la production agricole

et alimentaire (en permettant une meilleure sélection des espèces, une meilleure protection sanitaire et éventuellement un rendement plus élevé de la photosynthèse), ainsi que la transformation, le conditionnement et la conservation des produits.
Ces exemples, particulièrement spectaculaires, ne sont pas limitatifs. Ils font justice d'un pessimisme excessif à l'égard de la science et de l'argument tiré d'une prétendue saturation des besoins.
Ils montrent aussi que la restructuration n'est pas à sens unique et que le déclin d'industries traditionnelles ira de pair avec l'apparition de nouvelles activités pour lesquelles les pays industriels avancés disposent d'une avance technologique certaine.
Ce sera cependant au prix d'une reconversion difficile des ressources humaines et matérielles.

B. *Un défi pour les sociétés riches*

Ces mutations structurelles, survenant en période de croissance faible ou ralentie, lancent un défi à la capacité d'adaptation de nos vieilles sociétés, sociétés riches au sein desquelles le *désir de sécurité* l'emporte souvent sur le *besoin de changement*:

- Il est clair qu'une société donnée ne peut pas supporter sans dommage n'importe quel degré de changement. Que l'on songe par exemple à l'expérience de l'Iran. C'est Alfred Sauvy qui a attiré, à juste titre, l'attention sur les coûts sociaux d'adaptation, coûts qui sont souvent mal perçus. Il y a tout d'abord des coûts matériels, lorsque par exemple des équipements coûteux, qui devaient être amortis sur de longues périodes, se trouvent prématurément frappés d'obsolescence. Que l'on songe par exemple à certains investissements de la sidérugie ou de la construction navale ou à certaines chaînes de production d'automobiles...Mais il y a aussi des coûts *humains*, sous forme de chômage de désadaptation, de mobilité non souhaitée. De ce fait, le gain qui peut résulter pour la collectivité d'une productivité accrue se trouve diminué par ces coûts sociaux, sans parler des risques politiques que peuvent comporter pour les gouvernements des changements trop rapides.
- Cependant notre monde est ainsi fait qu'il n'est pas possible de refuser le changement, sauf à s'enfermer dans l'*autarcie*, le *protectionnisme* et la *médiocrité*,

ou à viser à un modèle de société entièrement différent de celui auquel aspire la majorité de nos contemporains. C'est pourqoi, les gouvernements sont contraints d'accepter les changements socio-économiques mais sont en même temps désireux de maîtriser ce processus, c'est-à-dire éventuellement de le freiner, même s'ils doivent pour cela prendre des mesures protectionnistes limitées qui vont à l'encontre de leur philosophie économique. Un point cependant semble acquis: les coûts d'adaptation ne peuvent plus aujourd'hui être entièrement supportés par l'individu, comme dans le modèle libéral classique mais ils doivent être assumés en grande partie par la collectivité.

- Jusqu'à quel point les gouvernements peuvent-ils exercer une action volontaire sur les structures de production pour freiner le changement, le devancer, ou simplement le rendre possible?
  L'idée que des technocrates seraient capables de décider a priori des secteurs qu'il convient de développer, est de plus en plus remise en question. On constate à la relecture du passé, que des politiques industrielles dites actives ont souvent consisté soit à maintenir en vie des 'canards boîteux', c'est-à-dire à éviter des changements nécessaires qui auraient permis des accroissements de productivité, soit à développer artificiellement des activités de pointe ou de prestige sans souci suffisant de la rentabilité. Les exemples seraient nombreux à cet égard.
  Quant aux politiques régionales, elles n'ont eu qu'une faible efficacité lorsqu'elles ont utilisé des instruments d'incitation ponctuels. L'heure est aujourd'hui aux politiques positives d'adaptation ('positive adjustment policies') préconisées par l'OCDE, politiques soucieuses de l'environnement industriels, mais qui répugnent aux interventions ponctuelles, tout en cherchant à faciliter le redéploiement économique par diverses mesures destinées à améliorer l'environnement des entreprises et à amortir les *coûts sociaux du changement*.
  Je crois pour ma part, que le problème du chômage ne sera résolu ni par le protectionnisme ni par une politique malthusienne consistant à répartir la pénurie, ni par la creátion d'activités artificielles, mais par l'acceptation lucide de changements nécessaires. Mais cette acceptation du changement ne saurait aujourd'hui se confondre avec un libéralisme sauvage.
- Sans doute assiste-t-on aujourd'hui dans la plupart

des pays occidentaux à une dégradation du mythe de l'infaillibilité de l'Etat, à une remise en question d'un certain nombre de ses fonctions, notamment dans le domaine de la production, et à une révolte contre des taux de prélèvement sociaux et fiscaux jugés souvent excessifs.
Mais la volonté de désengagement affichée par certains gouvernements, ne doit pas faire illusion. Dans notre monde incertain. l'Etat reste le dernier recours et sa faiblesse ne pourrait manquer d'être durement sanctionnée. On ne peut donc échapper à la nécessité de concilier le bon fonctionnement des mécanismes de marché, qui restent un instrument irremplaçable d'allocation des ressources avec l'exercise de la responsabilité traditionnelle de l'Etat, qui est d'assurer au citoyen un minimum de sécurité. Le *deuxième défi* est donc un *défin au réalisme, à l' imagination et au courage*

III L'INTENSIFICATION DE L'INTERDEPENDANCE ECONOMIQUE MONDIALE.

A. *L'interdépendance inévitable*

1. La troisième tendance fondamentale qu'il convient de dégager, est l'intensification de l'interdépendance économique mondiale. C'est une proposition qui ne va pas de soi. On pourrait penser, en effet, que les tensions suscitées par le ralentissement de la croissance et par les mutations structurelles sont plutôt de nature à entraîner un repli dans le cadre national ou tout au moins une pause dans la libéralisation des flux économiques. Cette éventualité de rupture, de fragmentation du monde en unités antagonistes, ne peut pas être entièrement écartée. Elle fait d'ailleurs l'objet d'un des scénarios d'Interfuturs (le scénario C), mais me paraît très improbable pour les raisons suivantes:

- L'internationalisation de l'économie mondiale est à mon sens un *phénomène irréversible*, qui repose sur des facteurs très puissants, facteurs culturels aussi bien qu'économiques. Grâce au progrès des transports de l'information et des télécommunications, tous les peuples du monde ont devant leurs yeux l'exemple enviable (ou détestable) des démocraties industrielles, dont le niveau de vie, sinon l'organisation économique, tend à devenir le modèle. Seule la Chine avait jusqu'à une époque récente, donné l'impression de poursuivre la recherche d'une société différente, mais ce rêve ne semble plus de saison. Qu'il s'agisse des pays socialistes ou des pays en développement, le mot d'ordre est celui de l'industrialisation; l'objectif, une amélioration de la consommation de masse.

- Or, la voie la plus courte vers l'industrialisation passe par la *spécialisation*, que celle-ci résulte du jeu des forces du marché ou d'accords internationaux. L'industrialisation a accessoirement pour corollaire l'acquisition d'équipements et de technologies avancées qui ne va pas sans endettement. Les pays de l'Est comme les PED en font l'expérience. L'exemple de la Pologne le démontre suffisamment. Inversement, les pays industrialisés cherchent à amortir leurs investissements industriels par des économies d'échelle. Ils sont prêts à vendre des usines clés en main, ou de la technologie, même si cela doit se traduire demain par une concurrence accrue dans les secteurs considérés. Ils sont, par ailleurs importateurs nets de produits de base. Il y a donc une complémentarité évidente entre les désirs des uns et des autres et seules des frictions politiques momentanées(pour ne pas parler de guerre ouverte) sont susceptibles de freiner ce mouvement. Enfin, les conditions actuelles du transport et de la technologie autorisent une grande fragmentation des processus de production.

2.La marche vers l'internationalisation de l'économie a profondément marqué la période d'après-guerre. Qu'il suffise de se rappeler qu'entre 1948 et 1973 le volume du commerce international a été multiplié par 6, alors que dans le même temps, la production ne faisait que triplér. Divers facteurs ont contribué à ce phénomène: les progrès de la technologie des transports et des communications, l'existence d'un système monétaire relativement stable, les progrès dans la libéralisation des échanges et des mouvements de capitaux, la constitution d'unions douanières et de zones de libre-échange, l'aide publique au développement, la détente entre l''est et l'Ouest......
Ce qui est nouveau - là encore - c'est l'accélération du phénomène depuis quelques années. Sous l'effet de la crise pétrolière, les échanges commerciaux internationaux ont connu un vif développement, tandis que les transactions invisibles voyaient se poursuivre leur progression spectaculaire, au moins jusqu'à la présente récession. Même phénomène du côté des investissements dont les principaux agents ont été les grandes sociétés multinationales. Entre 1967 et 1977, le stock d'investissements

directs à l'étranger des pays de l'OCDE a été multiplié par trois. Citons encore la croissance de l'endettement et le développement vertigineux du marché international des capitaux. Entre le début de 1971 et la fin de 1979, la dette à long et moyen termes des PED a sextuplé pour atteindre 375 milliards de dollars.

3. Il me paraît vraisemblable que ce phénomène d'internationalisation se poursuivra et s'intensifiera encore, ne serait-ce que sous l'effet de deux grands déséquilibres:

- Le *déséquilibre énergétique* mondial fait que les pays consommateurs, grands ou petits, resteront, au moins pendant une longue période de transition dépendants, pour leur approvisionnement en combustibles fossiles, d'un petit nombre de pays producteurs. C'est évidemment le cas pour le pétrole. En effet, les hasards de la géologie font que près de 50% des réserves trouvées se situent au Moyen-Orient et en Afrique du Nord. C'est aussi le cas pour le charbon et pour le gaz naturel;
- Le deuxième déséquilibre important est le *déséquilibre alimentaire mondial*. Au cours du dernier quatt du XXe siècle, la population mondiale s'accroîtra d'environ 2 milliards d'unités. Or, les experts estiment qu'actuellement 600 millions d'êtres humains ne disposent pas de la ration alimentaire minimale nécessaire. C'est pourquoi la bataille pour les protéines ne sera pas moins importante que la bataille pour le pétrole. Déjà le développement de la production alimentaire dans les PED est en passe de redevenir une priorité importante qui rivalise avec celle de l'industrialisation.

  Mais actuellement. ce sont les pays dits 'industrialisés' de l'OCDE qui disposent de surplus alimentaires et qui sont susceptibles de couvrir le déficit des PED et des pays de l'Est. Il n'est pas concevable que cette situation puisse être sensiblement modifiée à moyen terme, non que le potentiel de production n'existe pas dans un grand nombre de pays consommateurs, mais en raison des rigidités socio-économiques qui freineront ce développement.

Outre ces grands déséquilibres, d'autres facteurs sont susceptibles d'accroître les flux commerciaux et financiers internationaux. Ce sont, par exemple, les efforts de coopération régionale des PED, entre eux, ou le développement d'opérations triangulaires entre les pays industrialisés, les pays de l'OPEP et les pays en développement importateurs de pétrole.

B. *Un défi pour la coopération internationale*

Nous sommes condamnés à l'interdépendance économique comme nous le sommes à l'interdépendance écologique. Mais cela n'est pas sans poser quelques problèmes:

- *D'abord l'interdépendance est source de vulnérabilité.* Qui dit interdépendance dit 'dépendance (mais dépendance réciproque)'. Cela se vérifie en matière d'approvisionnements, les pays de l'OPEP peuvent à tout moment fermer le robinet du pètrole, les Etats-Unis ou le Canada arrêter leurs exportations de créréales vers l'Union soviétique. On se souvient aussi de l'embargo que les Etats-Unis avaient mis, il y a quelques années, sur les exportations de soja. Cela se vérifie également en matière financière: les pays pétroliers sont dépendants des pays industrialisés pour le placement de leurs capitaux excédentaires; leur sort est, de ce fait, lié à celui de l'économie mondiale,tandis que les PED dépendant de la bonne volonté des prêteurs et des apporteurs d'aide.
  Mais, c'est sans doute dans le domaine de la conjoncture que l'interdépendance produit ses effets les plus évidents: plus une nation est petite ou faible et plus elle subit passivement les à-coups de la conjoncture internationale. Qu'il s'agisse des variations de la demande dans une récession par exemple, ou de l'inflation, qui se propage dans les prix des produits importés. Même les Pays de l'Est ne peuvent y échapper, comme le montre l'exemple récent de la Pologne. L'interdépendance est aussi source de vulnérabilité collective dans la mesure où les déséquilibres globaux risquent de s'amplifier dans des économies 'en phase' par des phénomènes d'échos.
- Il faut reconnaître, en second lieu, que l'unification des marchés résultant de l'interdépendance profite davantage aux pays riches et diversifiés qui, par ailleurs, ont une voix prépondérante dans le fonctionnement des institutions financières internationales. Aussi n'est-il pas étonnant de voir des pays du Tiers-Monde se faire les avocats de la 'self-reliance', qui ne doit pas être comprise comme une aspiration à l'autercie mais à la reconquête de l'autonomie de décision.
- Malgré tous les avantages qu'elle comporte sur le plan

de l'efficacité économique, l'interdépendance n'est donc pas un état de tout repos. Elle recèle au contraire un grand nombre de tensions par suite:

- de la concurrence entre les entreprises, qui prend parfois des allures de guerre commerciale entre nations;
- des conflits entre les entreprises multinationales qui ont une stratégie mondiale et les états-nations soucieux de faire respecter leur souveraineté;
- de la lutte pour le contrôle des mécanismes régulateurs, en particulier des mécanismes monétaires et financiers.

- Ces tensions sont illustrées par l'évolution des relations Nord-Sud qui ont connu depuis la Seconde Guerre mondiale deux phases principales:

a Dans une première phase, les PED (les 'Pays sous-développés' comme on disait alors) se sont trouvés dans une situation de dépendance. En 1945, ils représentaient déjà 65% de la population mondiale mais n'assuraient que 15% des échanges et 5% de la production industrielle mondiale. Leur poids dans l'économie mondiale était pour ainsi dire négligeable et leurs poids politique très faible, de sorte qu'ils dépendaient entièrement et de la conjoncture mondiale et des décisions prises dans des enceintes où ils étaient en minorité. Au cours de cette période, les PED étaient tributaires d'une aide accordée discrétionnairement par les pays industrialisés, c'est-à-dire à l'assistance publique internationale et subissaient passivement la détérioration de leurs termes de l'échange.

b Depuis la fin des années soixante, on a vu au contraire les pays du Tiers-Monde, forts de leur indépendance politique reconquise, se constituer en un bloc plus ou moins homogène (le groupe des 77) et amorcer avec le Nord un nouveau type de relations comparable à une négociation collective au niveau international. Dans les grandes conférence de l'ONU, de la CNUCED, de l'ONUDI, ils ont ouvert un cahier de revendications plus ou moins raisonnables, mais à coup sûr exhaustif, dont les grands chapitres sont l'augmentation de l'aide et des crédits, la consolidation ou l'annulation de leur dette, un accès plus large et moins onéreux au marchés financiers et à la technologie, la stabilisation des marchés desmatières prepières, voire la compensation des pertes de revenu, le contrôle des sociétés multinationales et une voix plus importante dans les organismes internationaux.

Le dialogue Nord-Sud, marqué par des sessions spéciales de l'Assemblée Générale des Nations Unies et par la Conférence sur la coopération Economique internationale, tenue à Paris en 1976 et 1977, a parfois pris l'allure d'une confrontation, voulue par ceux que stimulait l'exemple des pays de l'OPEP. Le plus souvent, il s'est agi d'un dialogue de sourds, le radicalisme des uns se heurtant au réalisme pragmatique des autres. Cependant, il serait inexact de dire que ce grand débat n'a porté aucun fruit. Si le catalogue des revendications non satisfaites estimposant, on ne saurait oublier les progrès réalisés sur le plan des transferts financiers au profit du Tiers-Monde et des préférences commerciales généralisées, ni les accords de Lomé, ni l'accord récent sur la constitution d'un Fonds commun pour les matières premières.
Les demandes du Tiers-Monde ont été résumées dans la revendication pour le groupe des 77 d'un'nouvel Ordre Economique International' (NOEI) que personne n'a été capable de definir avec précision, mais dont le principe a été adopté sans vote par l'Assemblée Générale des Nations Unies en 1974. Ils s'agit en fait d'une idée-force, d'un mythe politique, au sens noble de ce mot, qui jusqu'à présent, n'a fait que recouvrir des demandes diverses et contradictoires. Les pays industrialisés n'accepteront jamais un NOEI qui serait conçi comme une simple 'abolition des privilèges' et qui remettrait en cause l'économie de marché et l'ensemble des structures internationales. Mais si l'on passe sur le mot - qui est peut-être mal choisi - il est de fait que le monde a besoin d'un 'new deal' dans l'organisation des relations économiques internationales. celui-ci devrait être fondé sur la reconnaissance du fait de l'interdépendance, sur le respect de la souveraineté des Etats, sur la correction des discriminations et sur l'aide internationale aux pays les plus pauvres.

- Les conditions sont aujourd'hui favorables pour passer à cette troisième phase des relations Nord-Sud qui ferait succèder aux relations de domination et aux revendications unilatérales, une véritable coopération, analogue à celle que les pays industrialisés ont développée au sein de l'OCDE. En effet, le Tiers-Monde est en voie d'éclatement entre les pays de l'OPEP, qui

ont tiré leur épingle du jeu, les nouveaux pays industrialisés, qui sont prêts à jouter la carte de la coopération, et la grande masse des pays pauvres qui subissent de plein fouet les conséquences de la crise énergétique.
Bien des choses restent à faire pour passer à cette troisième phase: il faut substituer le réalisme à l'utopie, la raison à la passion, un ensemble de règles du jeu équitables à de simples revendications unilatérales. La coopération suppose, en effet, une prise de conscience plus aiguë, par les différents acteurs du jeu international, de l'intérêt commun qui s'attache à la solution de leurs problèmes. Le cas de la politique énergétique est ici exemplaire, mais je n'aurai garde d'oublier la nécessité de parvenir à une organisation plus unitaire et plus satisfaisante du système commercial et du système monétaire internationaux. Quant à l'aide au développement, elle est aujourd'hui plus qu'un devoir moral devant la détresse des nations prolétaires. Elle répond indiscutablement à l'intérêt bien compris des pays industrialisés.

L'Europe, pour sa part, a un défi supplémentaire à affronter. Elle qui a vu - il y a un siècle déjà - naître l'assurance sociale, puis se développer des systèmes de protection sociale ou de sécurité sociale les plus variés mais aussi les plus avancés, se trouve plus que beaucoup d'autres Etats industrialisés au coeur du débat sur l'Etat-Providence, le Welfare State.
Plus que d'autres régions concurrentes dépendante de l'extérieur pour les matières premières et l'énergie, soumise à des redéploiements industriels de grande ampleur, elle doit trouver dans son propre génie les moyens de maintenir une protection sociale efficace et élevée, sans mettre en cause les équilibres économiques en voie - difficile - de rétablissement. Dans ce contexte, trois champs d'expérimentations s'ouvrent à elle: la maîtrise de la croissance des dépenses sociales (par une action sur les dépenses de santé et sur les coûts sociaux de l'activité comme de l'inactivité économique et par un effort de simplification des règles du jeu); le réexamen des modes de financement en vue d'assurer une assise plus stable du système par un meilleur équilibre entre recettes de cotisations et recettes fiscales, et d'éviter des effets pervers sur les structures de production et d'emploi; le renforcement de l'efficacité sociale du système de protection.

Au terme de cette large excursion dans l'avenir, je serais tenté de reprendre le titre qu'un grand quotidien américain avait donné à un article sur l'Europe des années 80: 'Seule l'incertitude est certaine'. Il est vrai que l'incertitude économique et l'incertitude politique sont aujourd'hui plus grandes qu'il y a quelques années: incertitude sur la stabilité politique des pays producteurs de pétrole, sur les taux de croissance, sur les taux d'intérêt, sur les taux de changes...Tout cela caractérise un monde plein de périls qui, sous l'effet de grandes poussées démographiques et de mutations structurelles profondes, risque aussi d'être un monde plus conflictuel. Le rôle de la coopération internationale, et, en particulier, le rôle de l'Europe, est de limiter ces tensions en vue de maîtriser la croissance, de veiller à l'équilibre des marchés et de rendre possible le changement.

Tout cela implique un degré accru d'organisation et de concertation qui n'est pas incompatible avec l'économie de marché et avec l'intervention de l'Etat pour en corriger les effets et en répartir équitablement les résultats.

NOTES

1. Face aux futurs. Pour une maitrise du vraisemblable et une question de l'imprévisible. OCDE-Paris 1979-

Dr. Bernd Schulte

Pensions in a period of economic crisis

> 'They are called welfare states, after the sense of collective compassion that inspired them. Like Gothic cathedrals, they rose gradually in Western Europe, the work of whole societies dedicated to a common vision.... Successive governments, whatever their ideological leanings, added their own benevolent building blocks to the soaring structures.....
> Now, for the first time since its brave beginnings amid the ruins of World War II Western Europe's proud accomplishment is threatened. No one is proposing the dismantlement of the welfare state, but there is a growing realization that the structure is in urgent need of pruning and reform.'
>
> TIME, No. 48, December 1, 1980
> 'Europe's Welfare Woes'

I. THE SCOPE OF THIS PAPER

The Bureau of the European Institute of Social Security has intrusted me with the honourable task of making a comment on pensions in the present period of economic crisis.
The subject of pensions is actually of utmost importance. It is the basic purpose of this paper to provide a framework for this issue in order to engage in a dialogue with the variety of social security experts who are gathered here. The following overview will therefore deliberately raise more questions than answers. It is intended to avoid going into technical details for, if such an effort were to be useful, it would have to be done on the basis of national reports on all the countries under consideration, and this task should have been given to somebody or still better to a research group reasonably familiar with the social map of Europe and especially with the general outlines of the different European pension schemes.
Even somebody or a group of experts meeting these requirements, however, would find the task probably extremely difficult to describe and to categorize the activities

which heve been undertaken or are envisaged by the different vountries concerned with a review of their pension schemes. For the question would immediately arise as to the form which such a study should take. The most obvious approach would be to tackle the problem in its *legal* framework, i.e. to analyse the relevant provisions in the social security legislation of the different member states. But such an approach would not be sufficient, as it would not cover the *economic, social* an *political* implications of the pensions issue and would not answer the crucial question what factors explain the differences in coverage, in benefit levels etc. between the different pension schemes. For the *diversity of the social security systems* in Western Europe is such that there are considerable differences between the various pension schemes. The way in which social security legislation has developed varies from country to country as well as over time, and it is extremely difficult to specify the decisive considerations behind those social policy decisions which are underlying the pension schemes. For most of these decisions are not based on a logical, coherent programme, but they are the result of a variety of often opposing influences, and the avowed reasons for a given solution are often not the genuine ones. Therefore the measures taken by the different national legislators often appear quite inconsistent.
We have also to bear in mind that *policy* is the adoption of one among several possible courses of action. We must therefore not simply look at the measures adopted in the different countries since these measures are only means to an end, but at the assumptions on which they are based and, of course, at the nature of the end itself, i.e. at the objectives which social policies pursue. At the same time the side-effects of social policies, e.g. their impact on the intended beneficiaries, i.e. the pensioners, as well as on the other groups of the society must not be neglected. Finally social policies - and, of course, those who deal with them - are not 'value-free', i.e. social policy measures are necessarily guided by certain values and decided on according to certain priorities, because there is no escape from value choices. The spectrum of different values and choices available is wide. The choice of the policy objectives reflects therefore the values, the ideology and the prejudices of the decision-makers. Not surprisingly there are widely divergent views about what answers to the actual problems are feasible and appropriate for the future. Commenting on 'Future prospects of social security' at the Tenth Anniversary of the European Institute for Social Security in Leuven (9-11 November, 1978)

Jef van Langendonck said that the criterion to judge any system of financing is a simple and obvious one: It should be both 'adequate' and 'just'. There is, however, in most countries a profound disagreement on the point what 'adequacy' and 'justice' mean in the individual instances, and these criteria have therefore to be operationalized. We cannot work out this problem, but we may perceive some relevant needs, means, goals, and values attached to pension schemes and social policies for the aged. To enter into a discussion the actual situation, the means, and finally the objectives of pension policies will be described the objectives constituting the guiding rule both for the appreciation of the actual situation as for the means.

II. 'THE GREYING OF EUROPE' - AGING AS A SOCIAL CHALLENGE

In the very year, in which social insurance, i.e. the most important pillar of social security, will be celebrating the first centenary of its existence serious financing problems are making themselves felt everywhere and are one of the major concerns of policy-makers as well as researchers in the field of social security. It is generally felt that the future development of social is strongly linked to the evolution of the economy. The actual crisis in social security is seen as the result of the slowdown in economic growth. The problems resulting from this crisis are being experienced in all countries. The universality of the financing problem may be astonishing at first, given that the national systems of social security differ so widely in their particular aspects. On deeper analysis, however, this universality is understandable because of the similar *demographic, social and economic developments* which are taking place in the advanced industrialized countries, and the *common characteristics of social insurance schemes*. The percentage of people in our society moving into old age is fast increasing. The growing numbers of the elderly along with the prolongation of the period of dependency in adolescence has left a decreasing proportion of the adult population in the middle years as wage-earners. The economic, psychological and social dependency of childhood, youth and old age places a considerable burden on those in the adult years of life to support them. Economic fluctuations affect social security security revenue and expenditure in different ways. The revenue brought in by general taxation or by contributions depends on the incomes of the tax-payers or the insured, whereas expenditure depends on a variety of factors such as the

demographic situation, the rise of prices etc. The problem of providing social security for the elderly, which has continually grown since the end of the Second World War is a particularly serious one as it is reflected by the size of the expenditure on social benefits for the aged. The second *European Social Budget 1970-1975-1980* which contains projections for the most important fields of social policy up to 1980 highlights the importance of the expenditure on the function 'old age', i.e. pensions, death benefits, payments to surviving dependents (but not health benefits) in the European Community. Benefits for old age, death and survivors account for over 2/5 of all the social benefits included in the budget with national shares ranging from 33,6% (Ireland), 34,2% (Netherlands), 35,3% (Italy), 38,2% (Denmark), 39,7%(Belgium), 43,1% (France), 43,2% (Federal Republic of Germany), 43,4% (United Kingdom) to 50,0% (Luxembourg). The real percentages in 1980 differ from these figures, but the projections underline the bulk of the expenditure on this function. Expenditure on social security benefits for the old segment of the population is - and will be in future - the largest item in most national social budgets.
At the same time, the slowdown in population marked by a lower birth-rate and a decline of the mortality as well as in labour force growth and economic growth on the one hand and the continuing expansion of benefits and changing retirement patterns on the other hand have led to increasing pressures in many countries to re-examine the assumptions underlying the pension schemes which are in place. Therefore aging probably represents the major social challenge to social security for the remainder of this century, because vast resources will have to be directed towards the support of the elderly. For many of the traditional forms of protection for the aged have disappeared. The contemporary family is the nuclear family, i.e. an entity of husband, wife and minor children. This nuclearization of the family, social mobility, urbanization, changed life-styles and other factors lead to isolation among many old people who cannot look to their decendants to provide security (in the widest sense of the word). That means, that older persons can no longer rely on their family but are separate economic units that must be supported by cociety. The economic status of the elderly involves not only the social security system, but also savings, property, private pension schemes, participation in the labour market, and the tax system. The great majority of the elderly, however, especially employees, live on some sort of public programmes of retirement income. Policies and practice with respect

to these programmes vary from country to country. In Western Europe it is generally the rôle of public pension schemes to provide protection against the 'social risk of old age'. The contingency covered by pensions may be defined as the absence of primary income on account of presumed incapacity for work arising from old age. The aged are, however, not a homogenous group in terms of health, family situation, social and economic status, and retirement has an impact on all these factors, not only on the income situation. The above-mentioned changes in the structure of society leave many old people with no meaningful social rôle within the family and the community. The elderly often become socially isolated, and many live within the confines of a special institution, where their main social contacts are with other equally alienated old people. The growing recognition of this problem, as reflected in an increasing public debate will create an oppertunity to develop policies and especially to contribute to welfare services which may qualitatively improve the situation of the old segment of the population. There may even be a change in the nature of retirement in the sense that retirement will no longer be viewed as being equivalent to a disability caused by old age, but rather as the beginning of a new period in one's life. Under these circumstances, old age pensions may be considered as vested rights of people who have passed their working years and are now entitled to retire at least on a decent, best of all on the former standard of living. In the work-reward-oriented European societies a pension at such a level may be justified on the ground that pensions represent some sort of deferred income from the work executed during the active years.
From a *legal* view it will be necessary to reconsider the still prevailing traditional concept of 'old age' which, as we shall demonstrate by same examples, does not alwys hamonize with the above-mentioned demographic trend of socio-economic developments and the changes in family patterns. These shortcomings are, at least partly, due to the predominant insurance principle that tends to classification and standardization ('Typisierung') which, on their side, have on impact on social conditions and especially on those social problems that they are to change.

III. THE ECONOMIC CONTEXT

Economic fluctuations affect social security revenue and expenditure in different ways. The revenue brought in by general taxation or by contributions depends on the

incomes of the tax-payers or the contributors whereas expenditure depends on a variety of factors such as the demographic situation, the rise of prices, etc.
The present economic situation in Western Europe may be defined as *stagflation*, i.e. an economic situation in which a decline in activity marked by a high unemployment rate and considerable inflationary tendencies marked by a sharp rise in prices co-exist. Recession in characterized by a considerable increase in unemployment and in the field of social security by a decrease in revenue (contributions).
Inflation is characterized by an increase in expenditure in the various sectors of social security especially on the function 'old age' when benefits move according to the cost of living or to the rise of wages. At the same time pensions are more important than ever for those who are worst off, i.e. those whose income does not - or does not much - exceed the subsistence level.
Recession narrows the scope for financing pension schemes
- by reducing revenue as contributions decline when the general level of earnings decreases, and unemployment increases,
- by increasing expenditure as the number of pensioners mounts due to the fact that there is a connection between older people's withdrawal from work - and the conditions for retirement as well and the employment situation, and
- by making it difficult to heigh then contributions or state subsidies to the pension schemes in order to balance revenue and expenditure and thus to maintain the real income level of the active population.

Inflation undermines the foundations for financing pension schemes.
- by reducing revenue as the real value of any income decreases, and
- by increasing expenditure as the real value of the pensions is reduced and the decline in the income of the pensioners is compensated automatically, i.e. by indexation, or according to circumstances. (On the other hand, inflation may, to a certain degree, ease the financial situation of social security as a whole thanks to the fact that contributions and benefits react differently to inflationary tendencies: contributions increase more or less in the same way as earnings, whereas there are certain social benefits - such as pensions - which are generally adjusted to inflation, and others - e.g. family allowances and other demogrants - which are not. Of course, this alleviation brought by inflation corresponds to a decline in the real value of those benefits which are not

adjusted to the rise in the cost of living.)

These effects of recession and inflation underline the *interdependence* of the problems of *economic growth, employment* and *pensions*. Obviously, the most effective remedy to the actual financial problems in the field of pensions lies in an economic recovery, i.e. full-employment and stability of prices. As long as this aim cannot be attained, some sort of re-examination of certain aspects of the existing social security provisions takes place in all countries.

IV. THE REVISION OF THE STRUCTURE OF PENSION SCHEMES

> 'The third conclusion is that, in view of the necessity of maintaining acquired social advantages when economic conditions are unfavourable, it is of vital importance to aim at greater efficiency in social security budgeting through a rationalization of the choices, structures, means and services to be provided in the light of priority needs.'
>
> Director-General of the ILO, Social security, at the crossroads, in:
> International Labour,
> Review, vol. 119,no.2, March-April 1980,p. 142

There are two main approaches in guaranteeing an income to people who are incapable of maintaining themselves because of sickness, unemployment, or old age which are still underlying the present social security systems in Western Europe notwithstanding distinct convergent tendencies.
- The system introduced originally in Germany by *Bismarck* aims at guaranteeing earnings-related benefits financed by earnings-related contributions up to a certain ceiling for the active population in order to protect their economic and social status in different schemes for different types of workers.
- The approach conceived by *Beveridge* and adopted in the United Kingdom aims at guaranteeing a uniform minimum income for anyone, i.e. basically flat-rate benefits for flat-rate contributions in a unified scheme for the whole of the population.

As regards the social provision for old age, earnings-related pensions primarily for employees correspond to the first, a basic pension to anyone who has reached the

retirement age to the second approach.
The two main *differences* between the pension schemes which have adopted one or the other approach relate to the scope of the scheme as far as the persons protected and the level of benefits.
As regards the social policy *concepts* which underlie these schemes, two different ones may be distinguished: the *insurance principle* and the *solidarity principle*.

1. The personal scope of the pension schemes

Pension schemes may be classified according to the extension of the social protection which they offer as far as the persons covered are concerned. Whereas the pension schemes inspired by the ideas which are - not always correctly - attributed to Beveridge are, on principle, *universal*, i.e. extend from the beginning to the entire national or resident population, there has been a tendency towards generalization in the *categorical schemes*, i.e. those schemes which apply to given categories of the population, too, either on a compulsory or a voluntary basis. But there are still shortcomings in the coverage of the population in the countries with categorical pension schemes. In the countries with universal pension schemes, on the contrary, a basic income is provided for anyone who has reached the pensionable age. The number of beneficiaries from old age pension schemes rises steadily both for pensions for certain categories of the population such as employees and for basic pensions, and in respect of coverage near-universality has been achieved in most Western European countries. Therefore the extension of the eligibility to pensions will not be so important any more in future. The 'Rentenberg' will continue to rise, however, due to the fact that the percentage of people in our societies moving into old age and drawing pensions will still increase.

2. The level of benefits

As regards the setting of pension rates, either the establishment of minimum pensions (*basic benefits*) or the provision of *benefits which relate to the former socio-economic status* of the pensioner during his working days corresponds to the two above-mentioned approaches.
Nowadays, however, it is generally accepted that pension schemes should provide not only subsistence or the basic

essentials of life, but benefits which take into consideration the previous earnings levels and thus express the former standard of living. Inflation and the general increase in affluence have ledd all countries in the last two decades to bring pensions into line with price and earnings trends. The conditions for entitlement, particularly in relation to the employment situation, e.g. early retirement, have been improved, too. Not only the number of beneficiaries from pension schemes increased, but also the amount of the individual pension both in monetary terms due to inflation and in real terms due to improvements in the benefit structure. There is, however, in the categorical pension schemes a wide diversity in the amount of benefits which is paid to the different categories of beneficiaries. These differences in the level of benefits are often not understood by the public and difficult to justify. In many countries, civil servants, for instance, are (or are thought to be) in a privileged position in respect of pension rights.
By changes in the *benefit structure* the existing pension schemes can perhaps be made less expensive and more effective. In this way a better return from the revenue ear-marked to old age provision may be got without an increase of taxes or contributions. Therefor pension increases due on account of indexing have been delayed in several countries. As regards the comparison of different pension schemes, it must be avoided to equate high levels of expenditure with 'better' and lower levels of expenditure with 'worse' social protection against old age. For expenditure on pensions may increase because of the rising number of aged, because of a more comprehensive coverage of old people by the pension scheme, because of an improvement of the conditions for eligibility, because of an increase in real value of the pension, because of higher administrative costs, etc.

3. *The maintenance of value of benefits*

One of the main concerns of pensioners is that the real value of the benefits which they receive and their share in the economic and social progress are maintained. This concern is similar to the anxiety of employees that the purchasing power of their wages be guaranteed. There are different methods to provide economic security to pensioners by adjusting their pensions to changes in the economic situation. By 'dynamizing' pensions not just a minimum income level for subsistance but the accustomed way of life is maintained in the post-retirement period.

Such an *adjustment* can be automatic, i.e. its degree and its mechanisms can be laid down in the law, and it can be circumstantial, i.e. be adjusted according to circumstances (whilst more or less datails of the revision - e.g. the periodicity of an examination - may be legally specified). Most pension schemes have ondergone revisions within the last 25 years aimed at coping with inflation and increase in productivity and providing some mechanism for adjusting pensions. The need to adjust pensions in order to maintain their real value or to keep them in line with the rise of earnings is nowadays generally accepted. A benefit raised in line with the *movement of prices* is maintained in real value, i.e. the person receiving it is enabled to purchase the same amount of goods as previously.

A benefit raised in line with the *movement of earnings* is, as long as earnings rise by more than prices, increased in real value, too. If the rise in prices is higher than the rise in earnings, there will be a decrease in real value of the pension. The result of uprating benefits in line with earnings is, however, that the proportionate share of the national income the benefits (pensions) represent is maintained.

If the earnings index used is of gross earnings, the uprating method may not accurately reflect the movement in real earnings, because taxation, social security contributions etc. may be significant.

Benefits may also be uprated in line with *the most advantageous of prices and earnings*. The effect of this form of uprating will be that the real value of the pension increases, when earnings exceed prices, and it will be maintained in the inverse (i.e. when the living standard of the active population falls). Obviously it is not possible to answer the question whether pensions are, in some absolute sense, at the 'right' level, or which is the 'right' method of adjustment because there is no consensus regarding the appropriate level for benefits.

There is a debate in some countries as to the inflationary or anti-inflationary character of the link between pensions and the price index. In several countries, it has been decided to suspend the automatic adjustment because of the present economic constraints.

In some countries, social security benefits are considered income and are taxed when total income exceeds certain specified levels.

There is surprisingly little discussion on the question whether the provisions governing pensions and especially the levels of benefits do not have a negative effect on economic activity, for the obvious reason that the high unemployment rate among the young does refrain from any measures which might encourage older people to continue to work.

4. *The financing of pension schemes*

An important difference between the oldest form of social protection, poor relief or public (social) assistance, and the modern form, social insurance, is the method of financing. Social assistance is financed exclusively by *taxes* whereas social insurance is financed by *contributions* and, in many systems, supplemented by taxes. Statutory provisions determine precisely which persons are insured and thereby eligible, and the conditions under which benefits are to be paid. Eligibility and benefits are predictable and legally laid down.
Social insurance is preferred to *social assistance* because social insurance recipients maintain a feeling of independence and self-reliance. They have built up social insurance rights by their work. No connection with charity or poor relief exists. The receipt of social insurance benefits does not impair their social status and the respect of their neighbours either. From the standpoint of adminisstration, the provision of income security through social insurance is a rather simple procedure. Individual investigations are not required, because the benefits are not dependent on personal need. In general, the principle of social insurance as a sound system of necessary basic economic protection against the dangers inherent in an industrial society is recognized in most countries of the world. It requires that the scheme structure establishes a link between contributions and exspected benefits. The *insurance principle* implies that the insured person pays for his future benefits. Pension schemes which are based on the insurance principle can be financed in a variety of ways. By far the most commonly utilized method of collecting revenue is the so-called payroll tax which is levied on a percentage of the 'covered' earnings. One of the reasons for the reliance on such contributory schemes is the general belief that taxpayers are more enclined to accept contribution increases than increases of general taxes because they feel that they 'buy' future benefits. Under this mode of financing the insured persons see a direct relationship between the taxes (contributions) which they pay on their earnings and the earnings-ralated pensions which they will receive after retirement. This method implies, however, that the current benefits are

financed by current revenues, i.e. the economically active population pays what is needed to finance current benefits (and not what will be required to finance their own future pensions). Such pension schemes are transfers from the economically active to the retired population.
In such pay-as-you-go systems there is inherent stability only if the demographic ratio of contributors to pensioners is stable (or increasing). Actually, in the industialized countries, this ratio lowers, however. Therefore, the governments of the Western European countries are united in the quest for new methods either of restraining expediture (see IV. 2u. 3.) or of increasing revenue. There is also a good deal of debate revolving around the financing of pension schemes because it has nowadays been widely recignized that social security has a heavy impact on economy not only through the amount of benefits it pays, but also through the financing methods used to bring in revenue. Faced with the problem of reducing benefits or levying more contributions governments sometimes turned to the capital market, i.e. to borrowing, in order to postpone the resort to an increase of taxes or contributions. Such a measure seems, however, not to be efficient in an apparently long-term financial crises. Generally speaking, there is - as it was pointed out by our colleque *Jørn Henrik Petersen* last year in Perugia - since 1975 a general tendency in the countries relying mainly on contributions to discuss partly an extended basis for calculating contributions and partly a greater use of taxes on income and profits. In countries which rely mainly on income taxes there is a change or at least a discussion about such a change in the tax structure towards greater reliance on contributions.
As regards the contributory pension schemes the *contributions* are often tied to an income ceiling. Most countries have systems where the contributions are only initially proportional and then degressive. Financing by contributions without ceilings or by progressive contributions would on the one hand provide more revenue, but on the other hand be contrary to the *equivalence principle* traditionally inherent in insurance which is supposed to require a direct realationship between contributions and benefits.
Most pension schemes for employees require not only the insured to pay contributions, but also their employers. These *employers' contributions* whose ratio to the employees' contributions varies from country to country are either considered as some form of earnings-related benefits payable to the employees, i.e. as part of wages, or as some

form of taxation. In any case, the employers' contributions are paid in exchange to labour and are calculated on the wages paid to the employees. Labour-intensive enterprises must therefore pay more contributions than enterprises which have less staff because they are more capital-intensive.
The burden both of wages and employers' contributions is therefore an incentive to substitute capital for labour and thus affects employment. For this reason, proposals have been made with regard to these social costs in order to avoid the negative effects of employers' contributions on the employment situation. For at present firms which employ many and relatively unskilled employees, e.g. construction and textile industries, are disadvantaged compared to very capital-intensive industries, e.g. chemical and electrical engineering industries.
In *Belgium*, for instance, a plan for the reform of social security has been discussed under which employers' contributions would vary depending on whether the undertaking in question is labour-or capital-intensive. Up to now, however, no agreement has been reached on definite measures with a view to broadening the basis of calculation of contributions towards other elements than wages ('*Maschinenbeitrag*'). But the issue on the broadening of the basis of calculation of contributions is still open.
It is argued that such a policy would lead to an improvement both of the competitiveness of labour-intensive firms by a reduction of the relative cost of labour in respect of capital. One of the objections raised against such proposals is that the development of technical progress would be slowed down and productivity and competetivness of the undertakings concerned would decrease.

V. THE RÔLE OF NON-CONTRIBUTORY BENEFITS

In recent years there has been a shift from the dominant and in some countries almost exclusive emphasis on social insurance to a more pragmatic approach which recognizes the advantages as well as the necessity, in some circumstances, of making benefits available without contribution conditions. One reason for this shift was the fact that the contribution conditions excluded some potential recipients.
One of the groups to benefits from the development of this new type of benefits were the elderly.
Governments have, however, been concerned to avoid undermining the insurance principle by paying contributory and

non-contributory benefits at the same rates in respect of the same contingencies.
Such benefits reflect a broader concept of solidarity than that which is underlying the concept of social insurance which is restricted to those who are capable to pay contributions, i.e. who can thus provide for themselves (are 'vorsorgefähig').

VI. PENSION RIGHTS - THE 'NEW PROPERTY'

Social insurance protection is based on statutory provisions that precisely determine which persons are elegible and that lay down the conditions under which benefits are to be paid. The beneficiaries have a *moral* and an *economic* as well as a *legal claim* to their pensions when they reach retirement age. Eligibility and benefits are predictable and there is no regards to personal economic need or the financial situation of the beneficiary, in general. The entitlement to pensions is not based on financial indigence but on certain qualifying conditions which have been fulfilled in the past. Social insurance provides income security on the basis of presumptive need, not of demonstrated want and the amount of its benefits is mostly not determined by individual indigence but by the normal standard of living. From a legal point of view, one of the differences between the system of insurance and the system of assistance lies in the right to draw benefits. Whereas social assistance legislation generally leaves room for discretion and free decision-making in individual cases entitlement to social security benefits and especially pensions is legally laid down with respect to qualifying conditions for eligibility, the amount of benefits etc. To the average pensioner, these benefits replace wages as the basis of his economic and social status. The pension which is received as of right is the most meaningful wealth he possesses, i.e. his '*new property*' (*Reich*). This 'new property', i.e. the old age pension, has been earned by the recipient who paid contributions and taxes during the years of his employment. Would he not have been liable to contribute he might have got higher earnings and have more private property or savings. On the one hand, the pension is therefore a substitute for private property. On the other hand, the pension right may, on principle, be reduced or even abolished for reasons of public interest. This 'clash between individual rights and public policy' seems worth mentioning and it seems to be equally noteworthy that the public interest is generally thought to be superior. We still need, however, both a convincing and generally accepted concept of the legal nature of social security rights and distinct procedural and constitutional safeguards for restraining arbitrary governmental and parliamentary action with respect to the reduction or even the withdrawal of such rights. The question arises, to which degree pension rights and other social security rights can be - and perhaps must be - surrounded by substantial and prodecural legal safeguards comparable to those enjoyed by traditional rights of property in order to put pensions and other - especially long-term - social benefits on a more secure basis. For *legal security* is an important complement to the provision of social benefits. It goes, however, without saying that these social security rights or - more generally - welfare rights will require quite differents treatment as the traditional forms of property because the changing social, economic, demographic and political phenomenons have a great and legitimate influence. The close relationship of social security and the above-mentioned factors make it absoluty imperative to such rights to remain susceptible to future revision, i.e. to be, generally speaking, more flexible. From a legal point of view, the coupling of social security rights with the general social and economic policy may be an important sebject for discussion. It will have to be borne in mind, however, that the old age insurance schemes insist on 'acquired rights' and therefore generally hamper radical changes, e.g. the sudden move to a means-tested system.

VII. PENSIONS - SOME NEW DEPARTURES

In response to the economic difficulties in the pensions field cannot consist only in the consolidation and 'streamlining' of the existing schemes. Special concern has to be given to the disadvantaged, to new social problems, and to emerging demographic and socio-economic trends. In view of all efforts to limit expenditure in social benefits it should be emphasised that there is no fixed limit to the expansion of social security. Social policies must, however, take into account the changed economic situation. But the necessity to do so should not lead to a neglecting of important goals in old age policies. Some important objectives which are lying ahead of us will therefore be mentioned.

I. *The pensionable age - towards more flexibility*

There is a considerable number of exceptions to the normal pensionable age. In the past, however, the pensinable age has mostly been raised or lowered according to the *labour market situation*. Thus handicapped or unemployed workers can often obtain a reduction of their pension age. But there is nowadays an increasing recognition of the fact-which is, by the way, confirmed by a survey of attitudes toward retirement conducted by the Commission of the European Communities among the working population of member countries - that the normal pensionable age fixed by law does not take account of the capacity for work, the process of ageing and the difficulties inherent to the necessary change in the life-style of the individual elderly person. This has led to the situation whereby in many countries a more flexible scheme is operated, which takes account of the importance of the period of time from full-time work to full-time retirement. For some self-employed people who are able to secure the kind of work they want this transition period may span several years. The most wide-spread experience for employees, however, is a sharp discontinuity from full-time employment to complete withdrawal from work.
Flexibility in the sense that more possibilities for *individual choice* should be available would be in line with the process of aging and the necessary adaption to the new life-style, i.e. the way of distributing one's time and activities. A continued interest and involvement in the worker rôle should also be considered in order to avoid loss of identity and boredom. It appears likely that the mandatory retirement at a fixed age will be abandoned and that there will be a considerable development of part-time employment and, possibly, of job-sharing. This makes it necessary, however, to fit work assignments to the skills and strength of older people as well as social security regulations to part-time work . In future, it may be possible to postpone the drawing of all or part of the pension between certain age limits.
The part the pension which is taken previously or which is postponed may lead to a reduction of increase of the pension on acturian grounds. Pensions benefits may then be drawn at the same time as pension rights are acquired from gainful employment. Such a *phased retirement scheme* which allows workers nearing pensionable age to reduce their hours of work and draw a *partical pension* making up part of the loss of income gives more attention to the *biolog-*

ical clock' of the individual. A fixed retirement age may even be considered as some sort of discrimination on the grounds of old age against a person's right to work.
The difference between the retirement ages for men and women in many countries constitutes an additional argument for a reduction of the age at which men have the right to draw old age pensions.
Finally, there is a choice to make between further curtailments of the weekly working time and further reductions of the retirement age. The resort to early retirement should be *voluntary*, however, and flexible retirement should not be an euphemism for early retirement and not only result from an attempt to create new jobs especially for the young unemployed.

2. *The equal treatment of men and women*

As mentioned above, a pensioner must be over a given age limit (pensionable age). In most countries a fixed retirement age such as 65 in the case of a man and 60 in the case of a woman is still the norm. These *differing retirement ages* have been justified in the past by the common pattern of life prevailing at the turn of this century. The woman was to bear several children so that the rearing of children would not end until the mother was past the age at which self-support by work was reasonably possible. Under these circumstances the pension attributed in the age of 60 may have been an adequate arrangement. This reason, however, does not operate any more the average family size being sharply reduced and the *position of the woman* in the family (household) and in the economy (work) being deeply modified. The other justifying grounds which are put forward - the average age disparity between men and woman, the fact that women go out to work and run a household, the reduced working efficiency of women in their sixties, and a woman's greater proneness to illness - are not convincing because, for instance, the mortality rates indicate that the health of older women is at least not worse than that of men. Nowadays, the age limits appear to have been set quite arbitrarily. As it does not seem to be reasonable - and as it is in any case politically impossible - to increase the pensionable age of woman and a decrease of the age limit for men does not seem possible either for financial reasons, the solution may be the introduction of a flexible pensionable age which was already advocated above. In any case, the age parity should be achieved also in those countries, where it does not yet exist. There

should be a lot of public support for a *common retirement age*, too.
Nowadays, a crucial test of the effectiveness of any pension scheme is the extent to which it provides adequate pensions for women. There is a tendency to become entitled for retirement pensions in their own right, and widows will be able to add a retirement pension based on their own earnings to the pension inherited from their husbands. There should also be equal treatment between the sexes after the death of one partner. A 'home responsibility' protection may ensure that gaps in a woman's - or a man's - contribution record for years spent caring for children, disabled relatives (and in future perhaps also for old people) will not prevent her - or him - from receiving a full pension.
In some countries, the policy for *equalizing pensions for men and woman* has started with measures to adress partial pensions for each spouse in case of divorce, especially when one of the spouses, mostly the wife has only little earnings or no earnings at all. Pension rights which have been acquired during marriage are considered to be joint property of the spouses and are thus subject, in principle to equal division.
Equal treatment of men and women under pension schemes - public as well as occupational pension schemes - will be an increasingly important issue in the years to come.

3. *The rôle of occupational pension schemes*

The social security benefits of the public pension schemes and the pensions of the private occupational pension schemes are both instruments of social policy as they both receive financial support from the state, the first directly, the second indirectly through tax reliefs. A social security retirement pension may be considered as an explicit, an occupational pension as an implicit transfer payment. In the past the two *categories of welfare* - *social* welfare and *occupational* welfare - as well as the third category *fiscal* welfare have too often been viewed in isolation in spite of *Titmuss*' argument that the similarities of these categories are more important than their dissimilarities. (In the United Kingdom, for instance, the point has been made by *Ruth Lister* in 1975 that the state subsidy to occupational pension schemes far exceeded the Exchequer contribution to the National Insurance Fund to finance public pensions and other benefits)
The need to view the three systems in relation to each other ought to be emphasised on the ground that an

effective redistribution among different groups of the population and an 'adequate' and 'just' treatment can only be achieved by a consideration of all kinds of social welfare. The various *types of occupational pension schemes* can be distinguished by three main criteria:

- the existence of a statutory framework governing their establishment, financing, supervision, inflation-proofing, tax situation and the preservation of pension rights,
- the way by which they are financed (either by the employer alone or by contributions from both employer and employees),
- the degree to which they quarantee specific individual rights to employees (especially in case of an employee's changing schemes as well as in cases of closure of the firm or bankruptcy).

More recently the interdependence of social security and occupational pensions has become more obvious and compelling. The 'integration' of private plans with social security is now common practice. The design and implementation of two-tiered social security programmes combining state schemes with private arrangements are gaining ground as there is nowadays a widespread acceptance of the complementory nature of all schemes and programmes - wether private or public - that are established for the protection of the aged.

In *Switzerland*, the famous *Three Pillar Principle* (Drei-Säulen-Prinzip) which serves as guideline for the pension system is legally based in the constitution. The first pillar, i.e. the state Old Age and Surviving Dependents' Insurance and the Federal Disability Insurance, is to cover requirements for subsistence. The second pillar, i.e. the special schemes which are all somehow connected with work, is to enable the employees to continue their usual way of life. The third pillar consists of the individual's own provisions which the state is to further with appropriate fiscal measures. The Three Pillar Principle is an example for a three-tiered pension system which is composed of a basic pension, a compulsory earnings-related social insurance pension which replaces wages, and private provisions for retirement (property, savings, private pension plans etc.).

The importance of occupational pension schemes or private pension schemes, in general, is highlighted by the fact that between 1960-1973 according to on overview published by the OECD in 1977 the numbers of beneficiaries in private pension schemes have grown faster than those in public schemes. Occupational pension schemes are already making

a significant contribution to the living standards of a substantial proportion of the retired population and the importance is to increase. There are some reasons to expect that in the future more emphasis will be on securing everybody a decent minimum for subsistence than on high levels of guaranteeing, of income from work. The latter may be with time taken over by private collective arrangements the rôle of state pensions being limited to a basic benefit.
In the *United Kingdom* the effect of the new pension scheme introduced by the Social Security Pensions Act 1975 which allows the 'contracting-out' from the state scheme is that benefits from the occupational schemes replace the earnings-related retirement pensions. (As a minimum, the occupational benefits must be of approximatively the same amount as the benefits of the state scheme which they replace. Normally, contracted-out employees can expect to receive a higher pension than if they were solely dependent on the state scheme). As regards the state schemes, once a certain threshold of benefits is attained, further generalization might be replaced by selectivity in favour of the most needy.
In the *Netherlands*, the General Old Age Pensions Act (Algemene Ouderdomswet, AOW) which was brought in in 1957 provides every resident in the Netherlands of 65 and over with a basic income. This general old age pension is a so-called national insurance. The Dutch national insurances are financed from public means, i.e. the connection between paying a contribution and receiving a benefit, which is present in the employee insurance, is severed in this particular type of insurance. Its benefits are paid in amounts which are the same for every recipient. Thanks to the progressive taxation system these benefits exercise a redistributive effect.

A major conclusion which may be derived from the experiences in the different countries is that the social security system cannot solve its challenges in isolation from larger economic and social developments. Particular attention has to be given to the interrelationship, between public pensions and occupational pensions, the general tax system, the economy, and, of course, other social policies.

4. *The persistent poverty among old people*

Some recent studies have revealed that public pensions have not put an end to the problem of poverty in old age.

Poverty can be defined as a function of low resources and restricted access to resources. One of the reasons for the persistence of poverty among the aged seems to be that social policy-makers generally believe that rewards from work should, on principle, be higher than social benefits, and that it therefore is widely accepted that those who are out of work are worse off than those who are in work. This attitude is explained by the value which is placed on work in most industrialized societies.
The rôle of *social assistance* in connection with social provisions for the elderly reflects these shortcomings of the pension schemes. In the *United Kingdom*, for instance, in 1978 more than 20% of retirement pensioners and widows aged 60 and over were in receipt of supplementary pensions through social assistance. Adding to the actual recipients of supplmentary pensions the number of those estimated to be entitled to these benefits but not claiming them, about 30% of pensioners in the United Kingdom are supposed to live at or below the social assistance level. Contrary to *Beveridge's* expectation that 'the scope of assistance will be narrowed from the beginning and will diminish throughout the transition period for pensions', the number of social assistance recipients increased steadily from 1948 in the United Kingdom, and elsewhere, too. The fact that there are many pensioners who are entitled to social assistance but do not claime it is clear from recent research in the *Federal Republic of Germany*, too.
Significant numbers of pensioners with incomes below the 'official' minimum levels of social assistance do not apply for this benefit, partly because of the shame felt by them in publicly declaring their poverty, partly because they do not know about the availability or the amount of benefits due to them, partly because they are afraid to get into touch with welfare institutions, partly because they fear that the benefits paid to them may be recovered from their children or other relatives and thus undermine the parents-children relationship. The 'take-up' rate in social assistance among the elderly which is supposed to be of no more of 50% has been explained theoretically by a model of 'filters of poverty', i.e. by the hypothesis that welfare rights are filtered through different layers of social mechanisms (social barriers, structural administrative barriers, manifest administrative barriers etc.)
This evidence should lead to a critical assessment of the effectiveness of national assistance in providing income security for those elderly who, for one reason or another, do not receive adequate pensions. In cases of special, increased personal need pensions may have to be supplemented

by social assistance benefits in future, too. Under normal circumstances, however, pensions should provide an adequate level of subsistence to old age pensioners. The bad economic situation of numerous members of the elderly generation reflects the long delays that occurred in the development of adequate retirement pensions.

5. *The (personal) social services for old people*

Social policy must not only cope with the economic needs of the elderly and aim at maintaining their incomes. Social policy has to tackle all the problems which arise because old age is the period of increasing dependency materially, but also physically, socially and emotionally. The needs which arise from these different states of dependency must be met through the basic social service of income maintenance, i.e. social security, but also through health services, personal social services, and housing.
In *Denmark*, for instance, the growth of the expenditure on the personal social service benefits exceeded between 1964/5 to 1979 the rise in expenditure on pensions. This growth is explained by the fact that the public sector has assumed the safeguarding of that part of social service and care which was previously provided for by the private sector, i.e. primarily by the family (11). The above-mentioned social service benefits include dwellings, rent sub-sidies, old age and rest homes, home help and other welfare work
In many countries efforts are made to make it possible for old people to remain as long as possible in their homes. This policy may reduce the number of old persons in need of assisstance in institutions. In this way the increase of the utilization frequency of nursing homes for the elderly may be lowered and limited to people who are in urgent need of care. Nevertheless, the need of nursing of the elderly in public institutions will increase due to the above-mentioned demographic development (11). A higher degree of differentiation of benefits and offers to the elderly may be more appropriate to their needs and perhaps less expensive. Besides, it has been proved that keeping old people at home is a source of considerable savings.
Finally, a special policy should be adopted regarding the social integration of the elderly. For it must be borne in mind that social security, i.e. income maintenance only responds to an - important - part of the needs of old people.

From the point of view of the comparability of different pension schemes and different expenditures on pensions as a whole, it is, by the way, necessary not to omit social services others than social security. In the United Kingdom, for example, the in absolute as well as in relative, i.e. compared to other member states of the community low levels of old age pensions are at least partly compensated for by rent and rate rebates and allowances, i.e. by the subsidising for housing. This example evokes a general problem of the comparison of expenditure and benefit levels: for the effects of general taxation policy should be considered, too, because tax allowances may represent increments which are very similar to those of pensions. The activities of private organizations and even of individuals may also have effects on the social provision for old people, especially as regards home care, meals-on-wheels, day-care facilities etc., i.e. services which make remaining at home less burdensome for old people and represent therefore an alternative to the different and mostly very expensive forms of institutional care.

VII. THE PENSION ISSUE - A TEST CASE FOR SOLIDARITY AMONG GENERATIONS

Concern has been expressed in recent years over the increase in the number of pension recipients and the resulting *burden of dependency* in view of pensioners forming a social group with relative homogenous goals which, if organized, might be able to influence the development of social security by enforcing improvements in pensions. On the other hand, the burden of social security financing on the active population together with social security benefits which are high relative to earnings may lead to a weakening of the work incentive.
The development of pension schemes is therefore sometimes viewed as part of a struggle between the active and the inactive population with the concept of solidarity at stake. At the beginning of the seventies *Peter Kaim-Caudle* considered the rate of old age pensions in 10 industrialized countries and found out that in the European countries rising proportions of old people tended to go together with increases in pension rates relative to earnings, while in the non-European countries relatively stable proportions of old people accompanied pension rates which did not rise relative to earnings. Kaim-Caudle suggested that this pattern might be explicable in terms of the political power wielded by the elderly who enforced pension

increases in spite of the mounting proportion of old people which should have been a factor discouraging such an increase.
On the other hand, however, it seems to be noteworthy that there is a general tendency in most industrialized countries to favour the young and disfavour the old as regards the *access to the labour market*. 'efficiency' and 'productivity' are the arguments put forward to justify such a policy of disengagement which creates dependency at an age which does not necessarily correspond to the 'biological clock' of the individual (VII.1). Thus the society often confers a socially inferior status on retired people.
The question arises whether dependency and reduced social status must be considered as natural concomittance of old age or wether a new status has to be accorded to the elderly. On the other hand, it is obvious that the younger generation must not be over-burdened if solidarity ('Generationsvertrag') with the older generation is to be maintained in the long term. One of the lessons which we may draw from the experiences in the different countries is that we should avoid overcommitting the future. As regards the participation of the insured in the running of the pension schemes, we should also bear in mind that the trade unions are still the main - but have ceased to be the sole - constituency which strongly supports the social security system thanks to the wide personal scope of pension schemes which far exceeds nowadays the employees. Therefore the problem of how to garantee a more varied political base for the pension schemes and social security as a whole may be viewed differently in future as it was viewed in the past. Changes in the social security system and especially in the field of pensions requiring a sufficient consensus among the population, the relationship between the individual and the social security institutions should be improved by *simplification* of the system and its regulations, more *information* on rights and duties, less complexity and more *coordination* of the different schemes, and a better access to the system, in general. There is a trend to rationalize the debate on social security and especially on pensions by consulting not only trade unions and employers' associations but also review bodies, commissions or groups of experts which are to express some sort of 'objective' and 'neutral' view on the economic situation, the financial situation of the public pension schemes etc.

FINAL REMARKS

It is important to emphasize in conclusion that, only when we see pension policies in their wider economic and societal context do we begin to realize the full implications of the current debate on the '*limits of growth*' to the volume of social budgets and especially to the pensions issue.
On the one hand, there is still room for reform which is not too cost-intensive, and on the other hand there is still need for reform as regards those elderly who live near or even below the poverty line. The guarantee of some sort of minimum income to the most needy among the aged seems to be of high priority because the neglect of this part of the population seems difficult to justify. In the teeth of the extremely serious financing problems facing the pension schemes even a lower evalution of the high levels of pensions may appear to be justified the guarantee of a decent minimum for subsistence for anyone in old age being more important.

In his report on 'health care' at the colloquy in Perugia in october 1980 *Alan Maynard* made the point that the unfortunate tradition of most health systems is to be unclear about objectives and reluctant for the evaluation and monitoring of the performance of health care systems. This is perfectly true for most pension schemes, too. The policy problem being to define social objectives and devise social means which are the most efficient achieving these ends (1) academics may provide some bits of informations and some additional ideas from economic, legal or other point of view. This paper did certainly not give remedies for the present problems. If it, however, stimulates discussion among the experts gathered here, it will have achieved its purpose.
'The only way to begin to learn to walk is to take the first step' As such, this paper should be understood. If its helps you to ask and answer the right questions, making it was worthwhile.

- *Alterssicherung als aufgabe für Wissenschaft und Politik.* Helmut Meinholt zum 65. Geburtstag (Hg. : Schenke, K/ Schmähl, W.), Stuttgart u.a. Kohlhammer 1980.
- Barrot, J.: Quelle politique sociale dans une économie en mutation? *Droit social*, 1981, pp. 10-23.
- Berghman, J.: The retirement age in Europe. *EISS Yearbook/Annuaire EISS 1978-1980*, part I, pp. 133-145.
- Bley, H.: Die reform der sozialen Sicherung von Ehegatten-sozialrechtlich revelante Bedarfssituationen bei intakter Ehe und ihre Beseitigung durch die gesetzliche Rentenversicherung nach geltendem Recht und nach dem Reformmodell der Sachverständigenkommission. *Deutsche Rentenversicherung (DRV)*, 1980, pp. 185-193.
- Brown, M.: Canadian Royal Commission Report and National Conference on Pensions. *Benefits International*, August 1981, pp. 2-6.
- Buczko, G.: Das Rentenalter im ausländischen Recht. *Die Angestelltenversicherung*, 1981, pp. 261-269.
- Chauvet, J. and Pitois, M.-L.: La politique de la vieillesse. *Revue française des affaires sociales*, 1980, pp. 327-350
- Deleeck, H.: L'âge de la retraite - synthèse. *EISS Yearbook/Annuaire EISS 1978-1980*, part I, pp. 147-152
- Deleeck, H. and Berghmann, J.: Pensionable age and pension schemes in the EC member states. *EISS Yearbook/Annuaire EISS, 1978-1980*, part I, pp. 97-132
- Fluck, P.: Zur Diskussion einer Altenbewegung - Kann Altsein eine spezifische Gruppenidentität schaffen? *Soziale Arbeit*, 1981, pp. 289-297.

spezifische Gruppenidentität? *Soziale Arbeit*, 1981, pp. 289-297.

- Friis, H./Hansen, P.: *Pensions and retirement up to the year 2000 - Danish report*, Kopenhagen 1980.
- Fuchs, A.: Perspektiven der sozialen Sicherung der Frau. *Alterssicherung als aufgabe .....*, pp. 486-500
- Gaullier, X.: Politique de l'emploi, modes de vie et vieillissement. Les cessations anticipées d'activité. *Revue française des affaires sociales*, 1980, pp. 47-62
- Greber, P.-Y., L'intervention du principe de la solidarité dans divers régimes du système suisse de sécurité sociale. *Revue française des affaires sociales*, 1980, pp. 131-150.
- Grohmann, H.: Auswirkungen der Bevölkerungsentwicklung in der Bundesrepublik Deutschland auf die Gesetzliche Rentenversicherung. *Zeitschrift für die gesamte Versicherungswissenschaft*, 1981, pp. 49-72
- Hauck, K.: Grössere Transparenz und Vereinfachung des Rentenrechts im Sozialgesetzbuch. *Alterssicherung als Aufgabe....*,pp. 478-485.
- Heubeck, G.: Auswirkungen der Bevölkerungsentwicklung in der Bundesrepublik Deutschland auf die betriebliche Altersversorgung. *Zeitschrift für die gesamte Versicherungswissenschaft*, 1981, pp. 101-119.
- Holzmann, R.: Probleme und Perspektiven der sozialen Alterssicherung in Osterreich. *Zeitschrift für die gesamte Versicherungswissenschaft*, 1980, pp. 241-257.
- Igl, G.: Neue Finanzierungsweisen in der Sozialversicherung - Die Diskussion in Frankreich. *Deutsche Rentenversicherung (DRV)*, *1979*, pp. 373-389.
- Isensee, J.: Der Sozialversicherungsbeitrag des Arbeitgebers in der

Finanzordnung des Grundgesetzes - Zur Verfassungsmässigkeit eines 'Maschinenbeitrages' - . *Deutsche Rentenversicherung (DRV)*, 1980, pp. 145-155.
- Kaim-Caudle, P.: *Comparative social policy and social security.* A ten country study. Bath 1973.
- Kaim-Caudle, P.: Die Anpassung von gesetzlichen Altersrenten in Grossbritannien. *Zeitschrift für die gesamte Versicherungswissenschaft*, 1980, pp. 283-296
- Kolb, R.: Bemessung des Arbeitsgeberanteils in der gesetzlichen Rentenversicherung nach dem Kapitaleinsatz bzw. der Wërtschöpfung. *Deutsche Rentenversicherung (DRV)*, 1980, pp. 1-12.
- Kommission der Europäischen Gemeinschaft, *Das europäische Sozialbudget 1970- 1975- 1980*, Brüssel-Luxemburg 1979.
- Kremp, H.: Vom Erwerbsleben in die Rente - Eine Problemskizze. *Deutsche Rentenversicherung (DRV)*, 1980, pp. 156-160.
- Krupp, H.-J.: Frauen-Erwerbstätigkeit und Ziele der Alterssicherung. *Alterssicherung als Aufgabe...*, pp. 501-521.
- Van Langendonck, J.: Rentenanpassung in Belgien. *Zeitschrift für die gesamte Versicherungswissenschaft*, 1980, pp. 263-271
- Launay, J.-P.: Financement de la sécurité sociale et politique économique. *Droit social*, 1981, pp. 67-75.
- Leibfried, S.: Public assistance in the Federal Republic of Germany. 'Take-up' of benefits and the structure of welfare bureaucracy. Welfare law and policy. *Studies in teaching practice and research* (ed.: Partington, M/Jowell, J.), New York/London, pp. 169-194.
- Lister, R.: *Social security: The case for reform*, London 1975.
- Markman, H.: A model for making the retirement age flexible. *EISS Yearbook/Annuaire EISS 1978-1980*, part. I pp. 97-132.
- Maurer, A.: *Landesbericht Schweiz*. Ein Jahrhundert Sozialversicherung in der Bundesrepublik Deutschland, Frankreich, Grossbritannien, Österreich und der Schweiz (ed.: Köhler, P./Zacher, H.), Berlin 1981.
- Von Maydell, B.: Die Anpassungsproblematik in der Bundesrepublik Deutschland und im internationalen Vergleich. *Zeitschrift für die gesamte Versicherungswissenschaft, 1980*, pp. 296-313.
- Mills, C.: Crise du système de sécurité sociale, crise du système économique. *Droit social*, 1981, pp. 54-66.
- Morrison, M.: International developments in retirement flexibility, Aging and work. *A journal on age, work and retirement*, 1979, pp. 221-233.
- OECD: *Negative income tax*. An approach to the co-ordination of taxation and social welfare policies, Paris 1974.
- Olson-Frick, H.: Early retirement in an international perspective. *International journal of rehabilitation research*, 1980, pp. 215-223.
- Olmsted, B.: Job sharing: an emerging work-style. *International Labour Review*, 1979, pp. 283-297.
- Pentenrieder, J.: Zielprobleme und Lösungsansätze in der Alterssicherung. *Die Angestelltenversicherung*, 1981, pp. 318-325.
- Petersen, J.: Reforms of social security in Europe in the period 1976-1975 and 1975-1980: the problem of financing. *EISS Yearbook/Annuaire EISS 1981*.
- Reich C.: The new property. *The Yale Law Journal*, 1964, pp. 733-787.
- Robinson, O.: Part-time employment in the European community. *International Labour Review*, 1979, pp. 299-314.
- Rohrlich, G.: Wie Rentensysteme der sozialen Sicherheit angemessen und zahlungsfähig erhalten werden - ein Überblick über Probleme und Massnahmen mehrerer Länder. *Internationale Revue für soziale Sicherheit*, 1980, pp. 135-174.

- *Die Rolle des Beitrags in der sozialen Sicherung*. Colloquium der Projektgruppe für internationales und vergleichendes Sozialrecht der Max-Planck-Gesellschaft (1979, Tutzing), (ed.: Zacher, H.), Berlin 1980
- Ross, S.: Social security: A worldwide issue. *Social Security Bulletin*, 1979, no 8 (August), pp. 3-10.
- Saint-Jours, Y.: L'imputation aux assurés sociaux du redressement financier de la sécurité sociale. *Droit social* 1981, pp. 47-53.
- Salter, T.: Social policy and pensions. *Benefits International*, May 1981, pp. 17-27
- Schäfer, D.: Lebensstandardprinzip und Steuerpflicht bei Sozialleistungen. *Alterssicherung als Aufgabe* ... , pp. 455-477.
- Schmähl, W.: Zielvorstellungen in der Diskussion über die Alterssicherung - Eine Skizze -. *Zeitschrift für Gerontologie*, 1980, pp. 222-246.
- Schmähl, W.: Die Diskussion über Veränderungen der Rentenanpassungsverfahrens in der Bundesrepublik Deutschland. *Zeitschrift für die gesamte Versicherungswissenschaft*, 1980, pp. 315-348
- Schulte, B.: Reformen der sozialen Sicherheit in Westeuropa 1965-1980 *Vierteljahresschrift für Sozialrecht* (VSSR) 1980, pp. 323-361.
- Sherman, H.: Seniority and the harmonization goal of the EEC. *Comparative Labor Review*, 1981, pp. 26-56.
- *Social insurance and allied services*. Report by Sir William Beveridge. London 1942
- Social security at the Crossroads (article based on a talk given by Director-General of the ILO in Helsinke on 4 September 1979). *International Labour Review*, 1980, pp. 139-151
- Tamburi, G.: Social Security Financing: What next? *Benfits International*, July 1981, pp. 7-12
- Terroir, P.: Les soins aux personnes âgées en Suède. *Revue francaise des affaires sociales*, 1981, pp. 171-190.
- Thullen, P.: Die Finanzierungsverfahren der sozialen Rentenversicherung aus alter und neuer Sicht. *Zeitschrift fur die gesamte Versicherungswissenschaft*, 1980, pp. 89-109.
- Tomandl, T.: Probleme der Anpassung von Sozialleistungen, insbesondere von Leistungen der Alterssicherung, aus der Sicht eines österreichischen Juristen. *Zeitschrift für die gesamte Versicherungswissenschaft*, 1980, pp. 229-239.
- Voskuhl, U.: Auf dem Weg zur Reform der sozialen Sicherung der Frau und der Hinterbliebenen im Rentenrecht. *Alterssicherung als Aufgabe* ... , pp. 522-538.
- Walker, A.: The social creation of poverty and dependency in old age. *Journal of Social Policy*, 1980, pp. 49-75.
- Zacher, H.: Gleiche Sicherung von Mann und Frau - Zur gesellschaftpolitischen Relevanz der Rentenversicherung. *Deutsche Rentenversicherung* (DRV), 1977, pp. 197-222.
- Zacher, H.: Das Sozialrecht im Wander von Wirtschaft und Gesellschaft. *Vierteljahresschrift für Sozialrecht* (VSSR), 1979, pp. 145-164
- Zöllner, D.: Vergleich von Socialversicherungssystemen verschiedener Länder in ihrer geschichtlichen Entwicklung. *Zeitschrift für die gesamte Versicherungswissenschaft*, 1980, pp, 215-224.
- Zöllner, D.: Die Funktionserfüllung der gesetzlichen Alterssicherung im Rückblick. *Alterssicherung als aufgabe*...., pp. 195-203.

Dr. Leo Crijns

La maitrise des couts des soins de santé dans les états membres de la CE

Comme vous le savez, la sécurité sociale, partie intégrante des dépenses collectives, fait partout l'objet d'une forte pression. D'une part, on constate *de nouveaux besoins* qui varient selon les Etats membres, comme, par exemple, *L'extension de la protection sociale* à d'autres catégories que les salariés et les indépendants ou même à toute la population, la *couverture d'un nombre maximum de risques*, le *même niveau de protection* pour toutes les catégories (de préférence au niveau le plus élevé), *des prestations pécuniaires maximales* liées au revenu dont on bénéficiait précédemment au lieu d'un minimum social. D'autre part, les possibilités de la sécurité sociale diminuent sous l'influence de la *croissance économique limitée* (pour la Communauté: 1,3% en 1980 et - 0,6% en 1981), du *rapport modifié entre la population active et non active* (à partir de 1985, ce rapport deviendra extrêmement défavorable, suite à la dénatalité constatée depuis 1964 et dont l'effet positif de la diminution de la population pas encore active arrivera bientôt à son terme), ainsi que du *nombre croissant des chômeurs* (actuellement déjà 8,5 millions) qui constituent une source de dépenses supplémentaires en contre-partie desquelles, dans la plupart des cas, il n'existe pas de recettes provenant de cotisations à la sécurité sociale et d'impôts (en 1979, environ 25 milliards d'ECU - soit 30 milliards US - ont été payés sous forme d'allocations de chômage dans les pays de la CE).
Le problème du financement de la sécurité sociale devient encore plus difficile du fait que le nombre de cotisants diminue (chômage, retraite anticipée, etc.) et que se renforcent pratiquement partout *la résistance et l'aversion à une augmentation de la fiscalité et des contributions sociales*: Les prélèvements fiscaux et parafiscaux qui n'étaient que de 35,1% en moyenne pour la Communauté en 1970 sont actuellement beaucoup plus élevés: en 1979, déjà 40,19% en moyenne pour la CEE. Voici les chiffres pour les Etats membres de la Communauté selon une étude publiée par l'OCDE:

Belgique	: 44,5
Pays-Bas	: 47,2

Danemark	:	44,9
France	:	41,02
RF d'Allemagne	:	37.22
Italie	:	32,75
Irlande	:	33,31
Royaume-Uni	:	33,79
Luxembourg	:	49,88 (chiffre de 1978).

On dit, en outre, que *l'augmentation des contributions de sécurité sociale dans les pays de la CEE. où celles-ci constituent la principale source de financement de la sécurité sociale, désavantage les secteurs et entreprises à fort pourcentage de main-d oeuvre,* notamment les petites et moyennes entreprises qui paient des bas salaires et occupent beaucoup d'ouvriers et moins d'employés et de cadres.

Bref, la question d'actualité que l'on se pose généralement est celle de savoir, comment dans les années à venir, on pourra atteindre un équilibre satisfaisant entre les dépenses, d'une part, et les recettes, d'autre part. *Pouvons-nous sauvegarder à l'avenir les grands acquis de nos régimes de sécurité sociale ou serons-nous obligés de faire un pas en arrière?*

Parlant de sécurité sociale, nous pensons aux neuf grands risques, à savoir:
- vieillesse
- décès
- survie
- invalidité
- indemnités journalières en cas de maladie et soins de santé
- accidents du travail et maladies professionnelles
- matérnité prestations familiales
- indemnités de chômage.

Considérant de plus près les dépenses au titre de ces neuf risques, nous constatons que *des dépenses atteignent, dans les pays de la CEE, 1/5 à presque 1/3 du Produit Intérieur Brut* - avec une moyenne pour la Communauté d'environ 1/4 - et que, pour la Communauté dans son ensemble, *40% environ de ces dépenses ont trait aux pensions de vieillesse, 40% à la fonction"santé'* (c'est-à-dire invalidité, indemnités de maladie, soins de santé accidents du travail et maladies professionnelles), *5% à 10% aux indemnités de chômage* et enfin *10% aux prestations familiales* (chiffre qui varie fortement selon les Etats-membres). Le reste représente les frais d'administration et de gestion, les réserves etc. Si nous nous limitons aux dépenses au titre de la fonction 'santé': les 3/4 de ces 40% vont vers le risque 'maladie' (indemnités journalières et soins de santé), dont la *majeure partie (80% à 90%) est absorbée par les soins de santé. Donc, largement 25% de toutes les dépenses sociales vont vers les soins de santé.*

Comme vous le savez, les frais de soins de santé ont surtout augmenté au cours de la période 1970-1975, *en moyenne de 20,9% dans la Communauté, avec une variation entre 16% et 24% par an pour les différents Etats membres (en prix* courants).

Il semble toutefois que le pourcentage d'accroissement se soit affaibli, et parfois sensiblement dans plusieurs Etats membres, surtout là où l'accroissement a connu auparavant les pourcentages les plus élevés: par exemple:

- en RF d'Allemagne : 6% à 8% pour 1975-1979, en comparaison avec :19,3% pour 1974-1975;
- aux Pays-Bas : cette évolution est marquante comme le montrent les chiffres suivants: 1975/1974: + 18,1%; 1976/1975: + 13,3%,1977/1976 : + 10,8%; 1978/1977: + 9,9%; 1979/1978: + 8,6%;
- en France: également avec des pourcentages très élevés pendant la période 1970-1975, la croissance des dépenses de santé semble moins importante: 1978/1977: + 18,9% et 1979/1978: + 16,4%.
- Le Royaume-Uni, ayant l'avantage du contrôle budgétaire des dépenses de santé, a, malgré cela, connu un chiffre de 12,7% de croissance entre 1977 et 1978, toujours en remarquant que le total du coût de la santé atteint au maximum 6% du PNB, alors que ce chiffre va jusqu'à 7,8 ou 9, voire même 10% pour d'autres Etats membres.

Tout le monde sait qu'on peut distinguer, dans les soins de santé, trois grands secteurs:

- les coûts hospitaliers (50% à 55%),
- les soins ambulatoires de santé, notamment les honoraires pour consultations et visites (25% à 30%),
- La consommation des biens médicaux et produits pharmaceutiques pharmaceutiques (10% à 20%).

Des chiffres relatifs à la plupart des Etats membres, il ressort que pendant la période de 1970 à 1975, les coûts hospitaliers ont connu le plus fort accroissement, tendance qui va en continuant:

- au Luxembourg (1979: + 19,5%),
- en RF d'Allemagne (1980: + 8,3%),
- en France (1978: + 18,7%; 1979: + 19,2%),

mais semble en déclin aux Pays-Bas (1975: 21%; 1976: 15,1%; 1977: 11,6%; 1978: 10,3% et 1979: 8,6%).

Des chiffres relatifs à la France, il ressort donc que les coûts hospitaliers ont connu le plus fort accroissement (en moyenne 19,8% par an pour la période 1974-1979, contre: 16,6% pour le total des honoraires et 11,8% pour la consommation pharmaceutique).
Il semble que dans d'autres Etats membres, le danger n'est pas non plus à exclure que les dépenses en soins 'intra muros' reprennent leur évolution vers le haut comme avant 1973! Raison pour laquelle l'on essaie, en RF d'Allemagne, de changer le mode de distribution, davantage orienté jusqu'à l'heure actuelle vers les soins 'intra muros', ne serait-ce que par l'interdiction de traiter les patients ambulants par les spécialistes hospitaliers. Raison pour laquelle aux Pays-Bas le Secrétaire d'Etat à la santé a lancé un plan de renforcement des soins au premier échelon pour réduire l'appel fait aux soins hospitaliers; en outre, le nombre des lits d'hospitaux doit, dans ce dernier pays, être réduit de 5 à 4 %.
Les chiffres statistiques pour les Pays-Bas montrent déjà le succès de ce changement; les frais 'intra muros' diminuent mais de surcroît, l'évolution du coût des soins 'extra muros' est en baisse: 1975/1974: + 16,7%; 1976/1975: + 12,2%; 1977/1976: +11,2%; 1978/1977: + 10,1% et 1979/1978: + 10,6%; c'est-à-dire accroissement pour cette dernière période.

En d'autres termes, même si l'on constate dans certaines Etats membres un ralentissement de la croissance des coûts de santé durant la période 1975-1979, la question se pose de savoir s'il s'agit d'un phénomène permanent ou temporaire.

Mais, entretemps, un autre phénomène s'est présenté: l'on constate partout que les recettes évoluent plus lentement que les dépenses, phénomène causé par la crise économique avec laquelle tous les Etats membres sont confrontés à l'heure actuelle. En RF d'Allemagne, par exemple, on s'attend à un accroissement des dépenses de santé pour 1980 de 6%, tandis que les recettes n'augmentent que de 4%. Les prévisions pour les années 1980 et suivantes sont partout basées sur une croissance du PIB trop optimiste avec, comme conséquence, que le *ralentissement de l'accroissement des coûts de soins de santé depuis 1975 n'a pas pu aboutir à une solution des problèmes, surtout dus au manque de recettes causé par la crise économique.*
Etant donné que les perspectives pour les années à venir,

du point de vue croissance économique, ne sont pas très encourageantes, *tous les Etats-membres sont par conséquent obligés de mener une politique très active visant à mieux maîtriser la hausse des coûts des soins de santé.*
Mais comment?

Diagnostic

Si l'on examine la *demande* de soins de santé l'on constate ceci:

- On est généralement moins disposé à s'accomoder de maux, grands ou petits, parce qu'actuellement beaucoup plus de personnes sont protégées totalement, ou, en tout cas, mieux qu'il y a quelques dizaines d'années contre les risques médicaux. Au Danemark, en Irlande, en Italie et, pour les gros risques, aux Pays-Bas, la protection légale en matière de soins de santé a été étendue à l'ensemble de la population, comme c'était déjà le cas au Royaume-Uni.
- L'urbanisation, les tensions inhérentes au mode de vie et au travail, et le 'stress' éprouvent davantage l'organisme,ce qui accroît la consommation des soins de santé.
- Dans tous les Etats membres, à l'exception de l'Irlande, on constate un vieillissement rapide de la population, et l'on sait que les personnes âgées consomment deux fois plus de soins de santé, voire davantage, que le reste de la population; quant aux personnes du quatrième âge, elles requièrent même jusqu'à cinq fois plus de soins de santé.
- Il faut souligner l'importance des nombreuses maladies qui sont généralement provoquées par de mauvaises habitudes de vie: suralimentation, repos insuffisant, abus de boissons, surconsommation de médicaments, tabac,etc.
- Le relèvement du niveau de vie associé à un relâchement de l'autodiscipline amène de nombreuses personnes à réclamer des soins dont elles se passaient ou qu'elles ne souhaitaient pas auparavant.
- La relation médecin-patient s'est profondément modifiée, en ce sens que le patient fait davantage entendre sa voix, que ce soit individuellement ou collectivement, par le biais de groupes de pression, et il se montre donc plus exigeant que par le passé, et ce notamment du fait que l'assurance supporte les charges totalement ou en grande partie.
- Le mode de paiement des soins hospitaliers le plus fréquent, à savoir le remboursement par journée d'hospitalisation, favorise probablement une prolongation superflue de l'hospitalisation.

- On consomme de plus en plus de médicaments, souvent plus chers qu'auparavant, du fait que davantage de médicaments sont remboursés par la sécurité sociale.
- Le besoin d'humanisation des soins de santé est parfois générateur d'une forte progression des dépenses (par exemple suppression des salles communes dans les hôpitaux).

En ce qui concerne *l'offre* de soins de santé, l'on constate ce qui suit:
- L'augmentation des besoins engendre naturellement une croissance de l'offre et le fait que les régimes de sécurité sociale garantissent des revenus aux dispensateurs de soins renforce encore cette tendance.
- L'on enregistre une forte progression du volume de soins (davantage de médecins, de spécialistes, de personnel infirmier, d'appareils et consommation accrue de médicaments).
- Dans plusieurs pays on enregistre une augmentation notable du nombre des lits d'hôpitaux avec toutes les conséquences y afférente.
- L'élargissement du 'marché' des soins de santé assure la rentabilité de la recherche de l'industrie pharmaceutique et la rentabilité des investissements lourds, comme la construction d'hôpitaux et les équipements médicaux perfectionnés.
- Les examens et traitements sont de plus en plus complexes, ce qui non seulement en augmente le coût, mais engendre de nouveaux besoins de spécialisation et de personnel.
- L'évolution des soins de santé qui sont passés du domaine de la bienfaisance, où ils étaient généralement dispensés par les ordres religieux, à une branche du secteur des services, obéissant aux lois du marché, a non seulement entraîné un énorme accroissement du nombre de dispensateurs de soins mais également rendu plus onéreux un secteur où la main-d'oeuvre constitue le facteur prépondérant.
- Les traitements et les nouveaux médicaments ainsi que les découvertes trouvent plus rapidement un marché beaucoup plus important qu'auparavant, en raison notamment des possibilités accrues de vulgarisation.
- L'augmentation des dépenses procède également de la tendance de plus en plus marquée de traiter à l'hôpital des cas qui l'étaient autrefois à domicile; ce n'est pas uniquement le cas des accouchements, par exemple, mais également des handicapés qui sont accueillis en institution bien plus qu'auparavant, et l'on sait également que de nombreux lits d'hôpitaux sont occupés par des vieillards qui n'ont en fait besoin que de soins efficaces

et ne sont pas véritablement malades.
- Le fait que certaines législations prévoient le remboursement des soins hospitaliers, mais non celui des soins dispensés à domicile, favorise également les hospitalisations superflues.
- Le médecin joue également un rôle important dans la progression des dépenses, non parce qu'il perçoit des honoraires, mais surtout parce qu'il renvoie à d'autres formes de soins de santé et prescrit des médicaments.
- On constate également que de nombreux appareils médicaux très onéreux sont souvent achetés pour des raisons de prestige, et qu'en raison de la nécessité de les amortir le plus vite possible ces appareils sont parfois utilisés sans raison.
- Il faut y ajouter que de nombreux médecins se spécialisent de plus en plus, perçoivent donc des honoraires plus élevés et acquièrent des appareils plus onéreux qui sont souvent soumis à un usage intensif, surtout lorsque l'assurance rembourse les prestations à l'acte. A ce propos, il faut noter qu'une étude réalisée par nos services a révélé qu'il y a une nette relation entre le nombre moyen d'actes par médecin et la façon dont l'assurance en assure le paiement: dans les régimes qui prévoient un remboursement à l'acte, le nombre moyen d'actes thérapeutiques est beaucoup plus élevés que dans les régimes qui versent au médecin un salaire ou un montant forfaitaire par assuré inscrit.

A cette énumeration *sommaire* des causes il convient d'ajouter, pour compléter le diagnostic, que la hausse des coûts des soins de santé est, selon beaucoup de personnes, à peine compensée par une amélioration substantielle de la santé. Bien que l'espérance de vie ait généralement augmenté, l'on constate dans nos pays une baisse de la longévité moyenne, surtout des hommes.
Il est plus que temps de s'attacher à définir une thérapie et d'indiquer où et comment il est possible d'intervenir pour mieux maîtriser l'évolution des dépenses.

Eléments importants

Mais je voudrais d'abord souligner qu'il convient de tenir compte d'un certain nombre d'éléments importants:
- En premier lieu, les mesures destinées à freiner la croissance des dépenses ne doivent pas compromettre la satisfaction des besoins *réels* de soins de santé, que ce soit sur le plan quantitatif ou qualitatif.

- Ensuite, étant donné qu'il s'agit d'un secteur où la main-d'oeuvre constitue le facteur prépondérant, toute intervention doit être appréciée également en fonction de son incidence sur *l'emploi*.
- En outre, il ne faut pas oublier que la plupart des mesures visant à maîtriser les dépenses n'auront d'effet qu'à *moyen ou à long terme*.
- D'ailleurs, l'expérience tirée, dans certains Etats membres, de certaines mesures concrètes a montré que leurs effets son parfois *très temporaires*.
- En plus, indépendamment du fait qu'on se rend moins bien compte de l'importance des dépenses, tant du côté de l'offre que de la demande, certaines hausses de dépenses sont imputables à leur mode de remboursement, surtout lorsque ce dernier se fait à l'intervention de '*tiers*' avec lesquels, ni le dispensateur de soins, ni le patient n'ont de lien direct.
- Enfin, si l'on veut vraiment maîtriser l'évolution des dépenses de soins de santé, il faudra s'efforcer, *en premier lieu, de changer la mentalité* des dispensateurs de soins et des patients.

Thérapie

I. Le secteur hospitalier

- Sachant que les lits d'hôpitaux disponibles sont généralement occupés, on peut envisager de réduire le nombre de lits disponibles par 1000 habitants. Il est un fait que ce nombre varie dans une telle mesure qu'il doit forcément y avoir une surcapacité dans certains pays ou régions.
- La construction d'hôpitaux peut être freinée ou planifiée, notamment par le refus ou la limitation des crédits,par l'instauration d'un système d'autorisations ou, à la limite, par l'interdiction de toute construction nouvelle. Dans tous les pays de la Communauté, l'Etat intervient activement en matière de construction hospitalière en appliquant l'une ou l'autre de ces mesures, et il se heurte souvent à l'opposition de la région concernée en raison de la perte d'emplois.
- En outre, il est possible de déterminer le besoin réel d'appareils médicaux onéreux par région ou par pays et d'exclure les investissements qui apparaissent superflus du financement par la sécurité sociale ou le budget de l'Etat, ainsi qu'on tente de le faire en France en dressant une carte sanitaire du pays.
- On pourrait sans aucun doute obtenir un abaissement de

la durée moyenne de l'hospitalisation en remplaçant le remboursement à la journée par un remboursement calculé en fonction du nombre d'habitants de la région desservie par l'hôpital concerné; il s'agirait en somme d'établir un budget des dépenses hospitalières.

- Les coûts du traitement hospitalier pourraient aussi être réduits en procédant à une rationalisation comportant le remplacement d'un certain nombre de lits d'hôpital par des lits destinés uniquement à la dispensation de soins paramédicaux et de soins personnels (maisons de retraite, 'homes' pour handicapés, maisons de repos,etc.).
- On pourrait également envisager de renforcer l'influence de l'organisme payeur dans la gestion des hôpitaux qui, dans certains pays, restent du domaine privé et fonctionnent sur une base purement commerciale ou qui, comme les hôpitaux universitaires, mettent davantage l'accent sur l'enseignement qui devient ainsi totalement ou partiellement à la charge de la sécurité sociale.
- L'Etat peut également prendre des mesures visant à limiter la hausse des dépenses hospitalières en gelant les prix d'hospitalisation ou en limitant leur augmentation, par exemple, à la hausse normale de l'indice des prix ou des salaires.
- En outre, des normes peuvent être imposées en ce qui concerne le pourcentage du personnel médical et infirmier affecté par lit; on peut aussi arrêter le recrutement.
- D'autre part, les patients pourraient être invités à verser une participation, notamment en ce qui concerne les frais d'hôtel qu'ils économisent en fin de compte pendant leur hospitalisation.

2. *Le secteur extra muros*

- En ce qui concerne les médecins, la plupart des Etats membres ont déjà-prévu une limitation à la source en instaurant un numerus clausus dans les facultés de médecine (à l'exception de la Belgique et de l'Italie).
- En Irlande et au Danemark, un médecin ne peut exercer au titre de la sécurité sociale que s'il accepte de se soumettre à des conditions restrictives.
- Aux Pays-Bas et au Royaume-Uni, la formation médicale est assortie d'une formation économique qui permet de sensibiliser les futurs médecins à l'incidence financière de l'exercise de leur profession.
- En République Fédérale d'Allemagne, on vérifie si les prescriptions et les renvois par les médecins traitants s'écartent de la moyenne, et des sanctions sont prévues en cas d'écarts importants qui accroissent les dépenses.
- Aux Pays-Bas, le patient doit d'abord consulter son

médecin traitant, et c'est à celui-ci qu'il appartient de décider si la consultation d'un spécialiste aux frais de la caisse d'assurance est nécessaire.
- L'Etat et les organismes assureurs insistent davantage pour fixer les honoraires des médecins, ce qui provoque une organisation toujours plus poussée du corps médical qui riposte par des moyens parfois brutaux tels que la grève des soins.
- Au Danemark, en Irlande, au Pays-Bas et au Royaume-Uni, presque tous les spécialistes exercent dans des hôpitaux ou des polycliniques où les patients leur sont envoyés, et ce n'est qu'à cette condition que les soins dispensés sont remboursés en totalité ou en grande partie par l'assurance ou le Service national de santé. Ceci permet notamment d'éviter l'incovénient du double diagnostic et du traitement prolongé que l'on trouve ailleurs.
- Il ne faut pas omettre de signaler la tendance actuelle qui consiste à aller au devant du patient en renforcant les soins de santé primaires; le rôle du medecin de famille y gagne en importance, et les soins de santé intra muros (qui sont plus onéreux) peuvent être limités (notamment par la pratique de médecine de groupe).

Nos services ont récemment terminé une étude sur les soins de santé primaires, et nous espérons que les Etats membres pourront s'en inspirer pour rapprocher le médecin du patient, non seulement en ce qui concerne la médecine curative mais également la prévention, car s'il-est généralement vrai que mieux vaut prévenir que guérir, ce l'est a fortiori dans le domaine de la santé (et c'est en outre nettement moins cher).

3. La consommation pharmaceutique

La maîtrise des dépenses dans le domaine de la consommation pharmaceutique est notamment recherchée par les moyens suivants:
- Fixer les prix ou limiter les profits des sociétés pharmaceutiques (dans tous les pays de la Communauté, exepté en Allemagne et aux Pays-Bas).
- Limiter l'activité de promotion des ventes en réduisant, dans le calcul des profits ou des prix des produits, la partie du coût qui sera admise pour cette activité (Belgique,France,Italie et Royaume-Uni), ou limiter le nombre d'échantillons qui peuvent être envoyés aux médecins, comme c'est le cas dans tous les pays de la Communauté à l'exception de l'Irlande et de L'Italie.
- Réglementer les marges bénéficiaires des ventes au détail, comme c'est le cas dans tous les pays de la

Communauté à l'exception des Pays-Bas où les marges sont contrôlées par l'ordre des pharmaciens.

- Contrôler la création de nouvelles pharmacies (Belgique Danemark, France et Italie).
- Etablir des listes ou des formulaires spécifiant, parmi les produits pharmaceutiques, ceux qui peuvent être prescrits dans le cadre de l'assurance maladie (Belgique, Danemark, Luxembourg, Italie) ou ceux que l'on recommande de prescrire dans ce même cadre (France, Allemagne et Pays-Bas).
- Spécifier les quantités qui peuvent ou doivent être prescrites dans chaque cas (Danemark, France, Irlande, Italie et Pays-Bas).
- Informer les médecins pour les encourager à prescrire des produits bon marché (par exemple, listes comparatives des prix de produits similaires comme au Royaume-Uni, aux Pays-Bas ou en Allemagne et en Irlande où l'on propose de tenir également compte de l'efficacité des produits).
- Examiner les prescriptions faites par les médecins dans le cadre de l'assurance maladie, comme c'est le cas dans tous les pays de la Communauté à l'exception de la Belgique.
- Mettre en place un système de visites aux médecins dont les prescriptions paraissent excessives (Irlande et Royaume-Uni).
- Introduction de plusieurs groupes de médicaments dont les remboursements varient entre 0 et 100 % (comme en Belgique).

4. *Le patient lui-même*

Enfin, on peut se demander comment le patient lui-même peut et - par le biais de certaines dispositions législatives ou autres - doit contribuer à la limitation des dépenses de santé, bien qu'il faille répéter qu'il s'agit plutôt, en l'occurrence, d'un déplacement des charges.
Il faut mentionner tout d'abord la participation personnelle dans les honoraires des médecins, les frais d'hospitalisation le coût des médicaments, etc., qui est appelée 'ticket modérateur', et dont certains pensent qu'elle ne freine dans l'ensemble nullement les dépenses. En France, par exemple, on peut s'assurer volontairement contre cette participation personnelle dans les dépenses de santé, ce qui revient à emprunter un détour administratif qui alourdit à son tour les dépenses. Ce détour administratif a été complété en France par un décret mettant fin à la réassurance complète du 'ticket modérateur', stipulant qu'au moins 5% des frais doivent rester à charge

de l'assuré. Si une participation trop grande est demandée au patient, celui-ci risque de ne pas recourir en temps utile aux soins médicaux, et des dépenses (plus importantes) devront être supportées l'avenir. Comme vous le savez, il y a des arguments pro et contre le 'ticket modérateur' mais, personnellement, je me demande si une participation modeste du patient lui-même n'est pas à recommander afin de le rendre plus conscient des coûts engagés. Et s'il est exact, comme certains le disent, que l'introduction d'un 'ticket modérateur' a fait croître l'appel aux soins préventifs par les assurés, on peut effectivement constater que l'introduction de cette coresponsabilité a un effet positif.

Remarques finales

Il semble que les actions dans les pays du Marché Commun, à l'heure actuelle et dans un proche avenir, se concentrent notamment sur:

- l'offre dans le domaine de la santé (nombre de médecins, de spécialistes, de lits, de personnel, de médicaments, etc.; en d'autres termes l'évolution en volume plutôt que l'évolution en prix);
- le progrès technique dans le domaine de la santé (il semble que ce facteur intervient chaque année pour environ 5% en moyenne dans l'augmentation des coûts);
- la manière de pratiquer la médecine par les médecins et spécialistes, tant extra muros que intra muros, comme notamment l'utilisation des rayons X, les tests laboratoires, etc.;
- le développement des soins de santé primaires;
- la prévention;
- l'éducation sanitaire (anti-tabac,alcool et autres);
- l'information, la consultation et la concertation avec tous les intéressés.

Aspect communautaire dans la maîtrise du coût de la santé

Jusqu'à l'heure actuelle, le rôle des Communautés européennes dans la maîtrise du coût des soins de santé, s'est limité en fait à l'établissement des études, effectuées par la Direction Générale de l'Emploi et des Affaires Sociales de la commission en étroite coopération avec une trentaine d'experts indépendants.
Il n'y a pas encore eu de Conseil formel des ministres de la santé publique; les deux réunions tenues jusqu'à présent(13 décembre 1977 et 16 novembre 1978) étaient

des réunions du Conseil et des réprésentants des Etats membres au sein du Conseil.
Une troisième réunion de ces ministres a été reportée à plusieurs reprises. Au niveau communautaire, toutes les mesures ayant trait à la santé publique, ont été prises jusqu'à présent par des ministres autres que ceux qui détiennent le portefeuille de la santé publique.
A notre avis le moment est venu qu'un programme de santé devrait être élaboré par la Commission à soumettre au Conseil afin que des décisions seront prises pour arriver enfin à une politique de la santé sur le plan communautaire.
Un tel programme trouvera certainement l'appui de la part du Parlement Européenne, qui a instauré dans son sein une Commission de l'environnement, de la santé publique et de la protection des consommateurs.
Un tel programme favorisera également la coordination à l'intérieur des services de la Commission (direction générales et autres services) parceque plus de la moitié de ces services sont actuellement directement où indirectement concernés par des questions de santé et il arrive parfois que la main gauche ignore ce que fait la main droite.
Un tel programme de santé pourrait reprendre des points comme:

Carnet de santé européen
Dans ce domaine, on essaye actuellement de coordonner des initiatives nationales et autres qui ont eu pour résultat que de nombreuses personnes portent actuellement divers types de documents où sont consignées des données médicales, mais qui ne sont malheureusement utilisables que sur un territoire réduit faute d'une plus large diffusion d'informations sur ces données. Il est donc souhaitable de recourir à un instrument utilisable sur le plan international, rédigé en plusieurs langues ou utilisant un code international qui puisse fournir des informations relatives au groupe sanguin, aux allergies, aux médications en cours, aux traitements spéciaux subis ou à des anomalies, notamment si le porteur, inconscient, a besoin d'une intervention médicale immédiate à l'étranger.

Aide mutuelle en cas de catastrophes
Tout récemment, la nécessité d'une intervention européenne dans le secteur de la santé s'est encore cruellement fait sentir: les séismes qui ont secoué l'Italie et la Grèce ont coûté beaucoup de vies humaines, faute d'une aide bien organisée sur le plan européen.

Numerus clausus
Etant donné que le droit à la libre circulation existe au

niveau européen, le numerus clausus actuellement prévu pour presque toutes les professions médicales et para-médicales ne peut avoir d'effet que s'il est conçu partout de la même façon.

Formation prolongée (du généraliste)
La formation prolongée visant en l'occurence à revaloriser le généraliste n'a elle aussi un sens que si les normes fixées, pour cette formation sont les mêmes partout et que si la durée de formation prévue est identique, sinon cette mesure entraînerait des migrations supplémentaires et une concurrence déloyale.

Medicaments
La prescription de médicaments et le remboursement par des organismes de ls sécurité sociale devraient également être coordonnés sur le plan européen afin de prévenir une inégalité de traitement qui sera ressentie principalement dans les régions frontalières.

Hôpitaux
Dans le domaine des soins en milieu hospitalier également, il est possible d'opérer une coordination ne serait-ce qu'en planifiant l'infrastructure dans les régions frontalières et en réglementant l'accès en fonction de la proximité géographique, ce qui ferait disparaître les obstacles que représentent encore parfois les frontières, notamment parce que le remboursement dans le cadre de la sécurité sociale est rendu difficile, sinon impossible, pour des soins recus au-delà de la frontière.

Inventaire de l équipement médical
Ce qui a été dit, d'une façon générale, à propos des hôpitaux vaut aussi, à plus forte raison, pour les équipements Lourds, auxquels ne s'appliquent actuellement - lorsqu'il en existe - que des critères purement nationaux, en matière tant d'achat que d'utilisation (p.e. scanners).
Dans les zones frontalières, cela peut entraîner, soit un suréquipement, soit un sous-équipement, et un inventaire du matériel déjà existant ou souhaité pourrait être fort utile. Une comparaison des critères nationaux concernant l'achat et l'utilisation de l'équipement médical lourd pourrait également être enrichissante et contribuer à améliorer la gestion (et donc à éviter le gaspillage).

Banques d'organes
Au moins 4 des centres existants dans la CE (Leyden (Pays-Bas),Paris (France), Aarhus (Danemark) et Bristol

(Royaume-Uni)) s'occupent déjà activement de coordonner l'offre et la demande dans ce domaine des soins de santé. Sachant que les transplantations rénales, notamment, pourraient être beaucoup plus faciles à réaliser si la compensation entre les demandes et les dons d'organes pouvait s'effectuer dans les limites d'un plus vaste territoire, il est difficile de comprendre que des tentatives entreprises il y a quelques années pour réunir directement entre eux les 4 centres de transplantations européens par un réseau d'informatique aient pu échouer, faute de crédits, pour une collaboration 'européenne' dans le secteur des soins de santé.

Déclaration de non-opposition/codicille
Certains pays européens ont subordonné le don posthume d'organes à l'accord explicite du candidat donneur (Pays-Bas, notamment, sur le permis de conduire). Dans d'autres pays, on part du principe opposé selon lequel il est admis qu'il n'y a pas d'opposition au prélèvement des organes appropriés (après le décès) s'il n'y a pas d'opposition explicite à cette forme d'intervention (notamment en France et en Belgique). La mobilité croissante des Européens rend actuellement souhaitable une certaine coordination dans ce domaine.

André Laurent

Le minimum social — Réflexions préliminaires

I. L'actualité de l'idée d'un minimum social, auquel aurait vocation toute personne qui se trouverait sans autres ressources, tient à la permanence ou la résurgence de zones de pauvreté que les énormes systèmes de redistribution par la sécurité sociale n'arrivent pas à résorber. D'où la solution envisagée d'un revenu minimum garanti en toutes circonstances.
Mais, ici, deux thèses se télescopent au plan doctrinal, philosophique, etc....
D'une part, une tendance émerge pour reconnaître à chaque homme, en tant que tel, des droits fondamentaux qui ne soient pas seulement des libertés mais des droits individuels concrets. Le droit à un minimum vital s'inscrit parfaitement dans cet axe (article 22 et suivants de la Déclaration universelle des droits de l'homme, etc.).
Toutefois, d'autre part, nos sociétés n'arrivent pas à décoller d'une autre idée, qui irrigue toutes nos valeurs morales, économiques, sociales, etc., l'idée que le travail est la donnée fondamentale et que la créance de chacun doit être à la mesure de son apport: héritage commun des courants libéraux et marxistes du XIXe siècle.
Donc: conflit entre deux logiques: la logique des besoins et la logique des mérites.
De ce conflit, personne ne réussit vraiment a triompher. Alors on biaise... Voyons comment.

II. D'abord en 'injectant' du minimum dans chacun des grands blocs de protection: bloc salaire, bloc assurance maladie, invalidité, chômage, prestations familiales, vieillesse.
On espère de la sorte que le phénomène revenu minimum sera limité, encerclé en quelque sorte, et que ce noyau creux, vide, se rétrécira progressivement.
Il faut bien constater d'ailleurs que la frontière entre ces minima organisés dans les blocs de protection et le revenu minimum absolu est très floue. Ainsi, on est très proche de ce revenu minimum absolu avec les prestations familiales, qu'elles voient forfaitaires ou qu'elles prennent la forme d'un revenu familial garanti. De même, pour les prestations de vieillesse minimales, assorties d'une condition de ressources.

Autrement dit, les systèmes tentent de couvrir l'individu de sa naissance à sa mort: prestations familiales au départ, pension au moins minimale à la fin, en lui assurant un minimum quand, entre ces deux extrémités, il sera malade, en chômage, invalide, etc. Pour le reste un salaire minimum lui sera garanti.
Mais s'il est vrai qu'en assemblant ces blocs, ces 'cubes' de protection, on arrive par cet assemblage à quelque chose qui serait une sorte de revenu minimum (vu par Picasso), reste toujours une idée force: l'interéssé est créancier d'une dette alimentaire contre la société *à condition* soit qu'il travaille, soit qu'il ait une raison tenue pour légitime de ne pas travailler, parce que malade, invalide, vieux, chômeur, etc.... . La référence au travail reste le pivot de ce revenu garanti par 'assemblage'.
Peut-on franchir un pas de plus et aller directement au coeur du problème, combler le vide qui subsiste au centre des systèmes de protection existant?

III. Certaines esquisses de vrai revenu minimum sans référence implicite au travail ont été proposées:
- Les diverses conceptions de l'impôt négatif;
- Le système des 'dividendes sociaux' (imaginé par L.Stoléru) qui assure, en début d'année, un revenu minimum à tout le monde, l'impôt fortement progressif rééquilibrant les choses par après.

Au stade actuel, il s'agit de spéculations.
Il est certes possible d'aborder, à propos du revenu minimum des question beaucoup plus conrètes: comment évaluer l'état de besoin, comment organiser l'octroi de revenu, quel devrait être son montant, etc... . On ne peut cependant éluder le problème fondamental esquissé seulement dans cette note.

NOTES

1. Résumé présenté par M.Laurent sur la base de notes du M. Dupeyroux, absent.

Dr. Joachim Volz

Unemployment insurance in the present economic crisis

1. Unemployment Insurance (UI) is one of the major systems of social security. Thus many current problems of UI are similar to those of the other systems dealt with in this colloquium. UI, however, has its specific fratures and is particularly closely related to the economic development.

2. Since the worldwide recession of 1974/75 the employment situation in the EC countries as well as in most other western industrial countries has deteriorated alarmingly. Year by year more unemployed are registered. In the EC alone their numbers increased from 3 million to almost 9 million in the years 1974 to 1981. All forecasts for the development of the working population and the number of jobs in the EC give reason to fear that the number of unemployed will continue to rise - despite a temporary improvement in some countries.
Only if a permanently high economic growth of at least 5% were achieved or if the average working hours were shortened considerably, would it be possible to bring down unemployment rates significantly, allowing for a simultaneous steady increase in productivity. Unless this can be achieved - and there is little indication of success - the social security of the unemployed must be ensured by an adequate financial compensation for loss of income.

3. As long as unemployment rates were low, the role of UI and its importance were not really questioned. With rising unemployment figures both the importance and the problems of UI are growing: It is true that even a far-reaching compensation for lost income can only be regarded as a transitional solution, because the unemployed remain exposed to strong psychic stress resulting from loss of social status, job satisfaction, respect and social relationships. Moreover the re-integration into working life becomes more and more difficult after a long period of unemployment. UI with its underlying principle of solidarity should at least provide the material basis for a humane existence.
On the other hand increasing unemployment causes an increase in the problems of UI: The costs of the system are rising. Content, efficiency and new fields of application

of UI are being discussed. Before we can define which possibilities and effects UI has in the framework of the present economic crisis, we first have to clarify the development and distinguish the various types of unemployment, because different types of unemployment require different strategies in the fields of social and economic policy.

4. Generally definitions or attempts to explain unemployment can be divided into 3 groups:

1. a monocausal approach claiming a comprehensive explanation (restricted to the consideration of global factors - aggregates - of supply and/or demand on the labour market: Keynesianism, monetarism, neo-classic school, marxism).
2. a casuistic approach (that is the attempt to register single types of unemployment as completely as possible and to develop a specific theory for each type of unemployment); in its simplest form we find a relatively general distinction between cyclical and structural unemployment here.
3. a statistical-pragmatic approach (that is the attempt to determine measurable factors corresponding to the purposes of the respective UI - and employment policy.

These theories behind these attempts at explanations cannot be discussed here in detail. It is obvious, however, that the monocausal approach is no longer sufficient today. For the following analysis the distinction between cyclical and structural unemployment seems to be useful. Seasonal and frictional unemployment were regarded as special forms of structural unemployment in this connection.
According to this distinction structural unemployment only exists if jobs actually vacant cannot be taken by unemployed persons because of irreconcilable discrepancies between what the job requires and what the unemployed person has to offer. This includes features like sex, age, job training, mobility etc. So even if there is an equilibrium of aggregate supply and demand on the labor market, structural unemployment will nevertheless occur if the job seekers do not have the right "requiremnent profile" to match the vacant jobs (and vice versa).
Even this relatively simple and general distinction between cyclical and structural unemployment will create problems for evaluating statistics. However, if it is accepted that this distinction is of particular importance for economic policy as well as for the effects of UI on the labour market, and that an increasing proportion of unemployment is "structural" as defined above, then these statistical

problems are less significant in regard to the decision-making on measures to be taken.

5. We can deal with another cause-determination-problem in a similar way: what proportion of cyclical and structural unemployment can be attributed to domestic causes and what proportion must be regarded as "integration induced", that is resulting from the international economic interdependence. For our purposes it is enough to say, that both components of unemployment exist and both are important.
I would like to explain this briefly with regard to the integration-induced proportion of unemployment: It is true that the differences of the alternative effects of integration and non-integration (for instance in the EC framework) on the total unemployment rate cannot be quantified empirically. Yet there is manyfold evidence for the influence of integration on the regional distribution and structural composition of unemployment in the integration area. For example: the far-reaching right of free movement of labour within the EC based on the Rome Treaty and association treaties has brought about considerable shifts in the employment structures as well as in the regional distribution of employment and unemployment. This is connected with advantages and disadvantages of integration for the individual states. Only if there is a fair distribution of these advantages and disadvantages within the integration area, can integration be politically and economically successful in the long run. Thus the principle of solidarity becomes the fundamental principle of integration. It remains to be shown that this observation should have consequences for the future unemployment insurance policy in the western industrial countries and especially in the EC.

6. Today in all states of the EC, North America and most other western industrialized countries it has been recognized as one of the most important aspects of social security that social security is guaranteed to the unemployed. This has by no means always been so. UI developed in the various industrial countries at different speed and against different socio-political backgrounds from the end of the last century. There was a marked distinction for example between the relatively early public-welfare-oriented attitude of many European countries towards the unemployment problem on the one hand, and the American system of values focusing on personal efficiency on the other hand. Accordingly there derived in the US the long-established principle of freedom of contract, based on the assumed potential and freedom of man to do what he likes, which hampered the

creation of laws ensuring social security. Only the mass unemployment in the thirties was able to cause incisive changes in the orientation of values in the American society. With the Social Security Act of 1935 a framework of federal laws was created for the development of UI schemes in all states of the USA.
Although the importance of UI is fundamentally recognized in all western industrial countries this field remains one of the most controversial and most discussed. Thus in the European countries rising unemployment has stimulated the discussion on UI anew. As an introduction to this discussion I would now like to briefly survey some differences in the UI schemes within the EC and resulting problems. This will also show how far differences between the systems are opposed to the desired aim of integration. This includes particularly social progress and the improvement and harmonization of living conditions of the peoples in the EC.

7. A comparison of the features of the UI systems in the EC states shows great differences in the respecive organisational structures, benefits and methods of financing. Basically we can distinguish between 2 types of benefits in case of unemployment: UI on the one hand, unemployment assistance (aide publique) on the other hand. UI compensates for loss of income in case of unvoluntary unemployment and in most countries comprises all (or nearly all) wage earners, in certain cases (Denmark, Luxemburg) also owners of small businesses. Peoples' entitlement to benefit and the duration of this entitlement depends on how long they were employed, for how long they paid contribution and on their readiness to accept a job. The methods of financing are different: contributions, special taxes, or other means.
With unemployment assistance in contrast to UI, it is usually the neediness of the unemployed that is examined. Unemployment assistance normally is granted after UI has expired or if the conditions of UI are not fulfilled.
The organization of both systems is very varied in the EC countries, for example with regard to the participation of employers and employees in the administration as well as the formal, local and regional organisation of the resp. systems. So the UI is in some cases administered by special organizations (e.g. trade union organisations in Denmark), in some cases by government departments (e.g. in Ireland, Luxemburg) or by autonomous bodies (e.g. Federal Republic of Germany).

8. In fact neither do both systems exist in all countries

nor are all countries limited to two systems. Basically we can distinguish between flat-rate-systems under which the unemployed receive a fixed amount, and wage-related systems under which a percentage share of the last income is paid. Mixed forms exist in most countries, but there is a general tendency towards the wage-related system.
With rising unemployment the amount and duration of benefits granted to the unemployed has moved to the centre of public controversy. On the one hand increasing long-term unemployment has made it necessary to knit a closer social network and to improve benefits. On the other hand opinions about benefit level and qualifying conditions have grown further apart over the last years. There is consensus on just one point: the benefits should be below the wage last received in order to retain an incentive to take up work. The neo-classic school even asserts that a raising of UI benefits leads to an increase in the unemployment rate.(1) Empirical surveys(2) show, however, that the chance of finding an adequate new job without being under financial pressure thanks to an improved benefit scheme often creates a greater motivation and higher efficiency in the new job and a correspondingly higher income.
Duration and level of benefits vary greatly for different groups of unemployed between and within the individual countries of the EC. In Italy e.g. the basic benefit is only 800 Lira a day, in Denmark, however, 90% of the previous earnings. Yet such a comparison does not give a true picture, because under special regulations many of the Italian unemployed are entitled to benefits between two thirds and 80% of the previous earnings. What all schemes in the EC countries have in common is the provision of a minimum benefit and/or a maximum benefit in one or other form. Only in Belgium is the duration of UI beneftis unlimited. Some benefits in France are also theoretically unlimited, but the amount of these benefits decreases rapidly. In Denmark benefits are granted up to 3½ years, in Italy usually up to six months. In many countries unemployment assistance is paid in case of contingency after the UI benefits have expired, which alters the overall picture of the benefits. In Ireland and in Germany (FR) e.g. the duration of unemployment assistance is theoretically unlimited.

9. With growing numbers of unemployed in the EC countries schemes providing social security for unemployed are facing financial problems: Expenditure increased precipitously while revenue from contributions rose only slowly or decreased altogether. Many countries provide a reserve fund for times of high unemployment, but such funds are quickly

depleted and only delay the need for higher government subsidies and/or contributions. There is a general principle that the government only grants limited subsidies - a principle that could not be kept to in many cases in recent years. UI contributions are totally or primarily calculated as a percentage of the earnings. Only Denmark has a fixed flat rate. At present the corresponding percentage for the total amount of contributions from employers and employees lies between 0,15% (Luxemburg) and 3% (Germany,FR).

10. As this short survey of the main features of the national schemes illustrated, there are still considerable differences in organisation, benefits and financing. In the previous years, it is true, there has been a certain tendency towards an approximation of schemes, partly due to mounting problems on the labour market. So in some countries certain groups of employees (e.g. youngsters, farm workers) were included in the range of beneficiaries and/or benefits for the most disadvantaged groups were improved (such as long-term unemployed or beneficiaries with claims to a very low flat rate benefit). The EC itself made an important step when it introduced regulations for migrants several years ago. The most important point is the adding up of employment periods to be reckoned for the calculation of benefits according to the national regulations. Thus equal legal treatment of nationals and citizens of other EC states is largely ensured.

11. Yet the integration goal of harmonizing the living conditions in the EC which includes a comparable protection for unemployed, is still far from being reached. On the one hand we have efficient schemes in the Netherlands, Belgium, Denmark and France, on the other hand there are less efficient schemes in the United Kingdom and Ireland or, as in Italy, a scheme with considerable benefit-gaps for certain employees. In order to meet the demand for equal treatment of employees not only within the states of the EC but also on the Community level, comparable social rights for the unemployed would have to be created. There are a number of possibilities for a convergence of schemes: a far-reaching harmonization of the range of claimants and of qualifying conditions, especially of the required reference period, as well as gradual harmonization of the duration of benefits and the amount of the wage related benefits with a fixed minimum level. A possible solution would be to extend the duration of benefits generally to at least one year and to grant unemployment assistance afterwards. The demand for equal treatment of

and solidarity amongst employees in the Community calls for community-wide regulations supplementing a gradual harmonization of national schemes. As long as further-reaching concepts such as the creation of a European UI scheme (a survey on this subject including concrete suggestions was submitted by the author in cooperation with Prof. ter Heide/ Rotterdam several years ago) cannot be realized, it should at least be possible to pursue a community-oriented policy by introducing minimum standards with regard to wage-related benefits, duration of benefits and other important features of the schemes.

12. So far we have been looking at UI in its relevance for social policy. Now in the second part attention will be focused on the aspects connected with economic policy. For a long time it was predominantly the socio-political side of UI that was recognised and analysed. Business cycle and employment theories used UI only as an example of a built-in-stabilizer in their economic text-books. On the other hand the debate on UI benefits established a connection with the general economic policy only via wage theory. According to this supply and demand on the labour market determine the wages, or, vice versa, wages or the level of unemployment benefits determine supply and demand on the labour market. As a consequence of this duscussion the opinion is widespread today that too high unemployment benefits are to be blamed for the high unemployment rates. For several reasons the emphasis in the discussion has shifted from socio-political to economic aspects: First, rising unemployment and diminished economic growth have led to more acute administrative problems, especially in the field of financing. Second, the question of the connection between unemployment and employment policy had to be given new, more intensive consideration as regards UI policy. A demand for a double strategy of social and employment policy is emerging, within which UI could play a more active role.

13. In order to analyse the connection between unemployment, UI and active employment policy, we have to look firstly for the possible economic effects of UI. Three groups of effects can be distinguished:

- macroeconomic effects (the traditional field of research)
- effects of UI om supply and demand on the labour market (relatively new field of research)
- integration-specific effects or effects in the framework of international economic interdependence (a field

given little attention so far).

14. Macroeconomic effects of UI mainly depend on the relative size of its revenue and payments. The economic importance of the benefits e.g. can be measured by their relative proportion of the national income, by the total wages, or by lost income of the unemployed. To distinguish between possible short-term or long-term macroeconomic stabilizing effects it is necessary to examine whether benefits are paid to workers affected by cyclical or structural unemployment. Moreover assumptions must be made on the way the unemployed dispose of the benefits, e.g. how quantity and structure of consumption are influenced. The benefit payments would have to be compared to the contributions and taxes that are financing the scheme, etc. Considering the numerous assumptions required it is not surprising that empirical surveys made so far have come to different conclusions regarding the macroeconomic effects - mainly seen under the stabilizer aspects - of UI.
UI can diminish losses of output resulting from unemployment and is therefore appreciated as a stabilizer of business cycles. Several other social benefit schemes also have an anticyclical effect regarding revenue or expenditure, but only in the case of UI revenue and expenditure are permanently related to the alterations in total revenue and total employment. Due to the specific nature of UI its benefits and therefore the payments that affect purchasing power decline at the same pace as the state of prosperity is approached or, in the extreme case of full employment, cease altogether. The same applies for times of depression, because when the business cycle reaches its lowest point, the benefit payments rise to their maximum, whereas the revenue reaches its minimum - at least if contributions remain unchanged. The present development of UI schemes in our countries confirms this theory. The stabilizing effect could be improved by linking alterations in certain elements of the schemes with the development of certain socio-economic indicators. This is the case in the United States today, where duration and amount of benefits partly depend on the occurance of certain nationwide and/or statewide unemployment rates. But even in times of high unemployment the total amount of benefits paid to the unemployed hardly reaches 1% of the gross domestic product. If the counteractive effects of the financing side of the scheme are taken into account, the net effect corresponds only to something like a fraction of one percent; a fact confirmed by the few empirical surveys on this subject(3). This means that the likely implications an expansion of UI has on the

stabilizer effects can never match the far greater possibilities of a general demand management policy. So it is more important that the schemes comply with certain manpower policy requirements.

15.Effects on supply and demand of labour: In all industrial countries under review there is one social group that likes to blame the unemployed themselves to a great extent for their predicament, as well as another group that stresses that society is responsible for the occurance of unemployment and thus for its removal or alleviation.
The first of these points of view, though, is not only limited to employers but can be found among employees as well. These varying standpoints result primarily from differing assessments of the incentives and disincentives that are given by the UI schemes and that are influencing that behaviour patterns of employers and employees. This influence depends on the financing, benefits and organisation of schemes. The central question is: in which way do the amount and duration of benefits influence the number of unemployed or the duration of unemployment?
Some brief remarks will suffice concerning the influence of finances. The funds for financing the scheme can principally be raised from the national budget or by contributions or taxes on employees and/or employers. In the EC a mixed financing by contributions and taxes on employers and employees predominates, whereas the UI tax in the USA has to be paid by the employers alone. The state participates primarily in the costs for unemployment assistance programs. In many countries rising unemployment has led to a substantial increase in government subsidies for UI, so that the schemes are more and more losing their character as actual "insurance".
The burden of taxes and contributions can principally be borne by employers, employees or the consumers (including employers and employees). Regardless of the formal tax burden or real incidence the effects on job demand and supply will be similar. If the tax burden is fully allotted to one or the other group (and for various reasons this will generally be the employees), then irrespective of where the real burden of taxation lies it will amount to a maximum tax or contribution rate of 3% in the EC countries, and an average 2% in the USA. The average effective burden is much smaller - 0,9% in the US - because of contribution ceilings. Contributions of 1% or 2% of the wage will hardly diminish the incentive to work and are a negligable quantity compared with considerably higher annual wage increases.

16. It is relatively easy to explain why attention has focused on an assessment of the effects of benefits on supply and demand on the labour market or on unemployment. Whereas the tax contribution costs to be borne by the individual employee are of very little importance, the UI benefit payment to the individual unemployed person can be substantial indeed when compared to his previous earnings; it can sometimes be as much. This is the quantitative aspect. The interpretation of these facts by the social groups mentioned before, however, is normative. Based on the opinion, that man by nature tends to regard work as an unwelcome burden, one group pleads for a substantial gap between wage level and benefit level in order to maintain the incentive to work and to seek new jobs. The other group stresses the social problems of unemployed and the loss of status connected with redundancy, and claims that even relatively high befits do not essentially diminish the incentive to work.

According to the respective standpoints above, we find on the one hand the call for stricter controls of the willingness to work (e.g. the unemployed should have to prove that is 'actively' seeking a job). This view is prevalant in the USA. On the other hand others would decide - as in most European countries - in cases of doubt in favor of paying benefits to the claimant.

The disincentive effect of UI benefits will tend to be the greater, the higher the benefits are in proportion to the previous earnings of the unemployed. If benefits are not wage related, but flat rate, the incentive for abuse will be the greater, the lower the previous earnings of the unemployed was. Moreover, low-paid jobs often lack the possibility for self-fulfillment through work, and the opportunity to earn some extra money outside the job is particularly great for such workers.

But even for persons who have private means or who receive some form of unearned income, motivation for a rapid return to employment can be negligible for several reasons. Existing disincentive effects can lead to genuine abuse of UI in many cases, where certain tax and UI benefit conditions coincide with some employment situations and result in higher net income. E.g. in Germany (FR) due to existing tax laws and benefits the net income of an employee is in certain cases the same, no matter if he chooses to work all year long or only part of the year. In many cases these problems could be alleviated if UI benefits were included in taxable income.

As the risk of becoming unemployed and remaining so depends to a large extent on the overall employment level, it

seems justified to assume, that disincentives and abuse are more marked in periods of high employment levels than in periods with high enemployment. In thus far it is logical that in the USA the duration of benefits depends among other things on the overall unemployment level.
Yet the potential disincentives of UI are balanced by a number of incentives for reemployment: the chance of finding fulfillment in work, social pressure or loss of social status, sparetime losing its attraction with lasting unemployment, and the growing risk of a subsequent unemployment period without benefits.
From empirical surveys so far no substantial conclusions can be drawn concerning the quantity of disincentives and abuse of UI. Most studies - like that of Martin Feldstein - go out to prove that for many unemployed the incentive to take up work for economic reasons can only be small. Why these people are actually unemployed can hardly be established, even if this is repeatedly asserted by representatives of the neo-classic school. Furthermore it is overlooked that the chances of finding a job quickly depends very much on the overall unemployment level. Even so a number of surveys in the USA imply that at least a certain amount of unemployment or a prolongation of the duration of unemployment is induced by the existence of UI benefits. The extent estimated is about 1/2 percent of the unemployment rate, i.e. with an unemployment rate of e.g. 5% this would mean one tenth of existing unemployment. On the other hand the possibility of looking for a job without time pressure owing to the existence of benefits can be considered as positive. In this way other surveys have shown that increased benefits not only prolonged the duration of unemployment but also that the earnings on reemployment were higher. On the whole we can say that a job with higher productivity could be found owing to relaxed and careful jobseeking. (4) Some UI funds are directly spent on ways of increasing occupational and geographical mobility (relocation grants, futher education, retraining etc). This is a first step towards an extension of UI towards a general mobility-incentive-system with the aim of facilitating mobility whilst considering the individual's motivation.

17. Apart from the influences of benefit and financing the organization of UI can also have effects on job supply and demand. It is of particular importance e.g. by how much employers and employees can take part in the decision making on qualification and disqualification of claimants for benefits. Often the criteria for the assessment of eligibility leave scope for personal discretion, e.g.

when justification of dismissals, willingness to work or capacity for certain jobs are concerned. These examinations will tend to be the stricter, the greater the influence of employers in the UI administration. As in most countries UI and public employment offices are closely linked in their administration, the trust between unemployed and UI officials decides by how much other employment services like counselling and job finding are accepted by the unemployed.

18. What has been said to far about the economic aspects of UI and its present problems concerned firstly macroeconomic effects, then secondly effects on job supply and demand. With regard to the international framework and the worldwide economic crisis I would like to add some remarks on the integration-specific effects of UI. Fundamentally, the conclusions of the previous analysis also apply to the corresponding questions on international level. In terms of manpower policy the stabilizing effects of UI help - both nationally and internationally - to avoid higher unemployment particularly in those regions most affected by unemployment. A supernational reinsurance system - e.g. in form of financial transfers on community level - could strengthen the positive effects and would undoubtedly be justified by the close interdependence of memberstates in the field of economic and manpower policies. Other international aspects arise from the effects of differences in the individual schemes' benefits and financing on the movement of production factors and on competition between the states. High benefits e.g. can favour the immigration of employees into the country concerned, high contributions of employers, however, can lead to a rise in wage costs and thus to a relocation of production. Yet there has been no empirical evidence so far for the one or the other effects, the less so since the factors mentioned are just a few of the many influencing the mobility of production factors and the competitiveness.

19. The analysis of the effects of UI under various economic aspects showed that these effects will only be negligible in some cases, that on the other hand, though, a number of important incentives and disincentives exist on the labour market. There is a close relationship between the task of providing financial benefits for an unemployed person and the task of finding him a new job. This results in the demand that the passive role of UI should be augmented by linking UI with a more comprehensive manpower policy. An UI related manpower policy must

therefore function as a 'hinge' between UI policy and general manpower policy in order to diminish efficiency leakages. The specific manpower policy must be applied where problems occur in other areas of policy. With regard to UI this means the whole field of incentives to reemployment, and with regard to general manpower policy its incapacity, for example, to create jobs for certain groups of unemployed. Simultanaously this can and must contribute to a removal of alleged 'incompatibilities'. Two such 'incompatibilities' play a special role in some parts of public or published opinion:

1. the socalled 'incompatibilitiy' of high UI benefits for the unemployed with the maintenance of a high 'work force morale' (abuse of UI, lacking incentives to reemployment);
2. the socalled 'incompatibility' of full employment or expansionist policy designed to raise the employment level with a reduction of inflation (trade-off problem).

Both theories can essentially be reduced to the view that the 'income function' of work is of utmost importance:

1. if income is no longer derived from work, interest in work is lost.
2. if the risk of job loss does not exist or is steadily reduced, the struggle for income distribution will become more acute, because trade unions on the one hand will try to increase the share of wages in the GNP by enforcing relatively higher wage claims, and employers on the other hand will try to ensure their share of the GNP by relatively higher price increases or by passing on higher costs.

Furthermore a connection between both theories can be seen in the fact that the existence of high UI benefits further hampers the use of the risk of job loss as an 'inflation brake'.
For several reasons the claimed 'incompatibilities' are by no means always logical. Firstly the income function of work is overemphasized, the importance of work for the development of the individual's personality is underestimated. Moreover I pointed out at the beginning of this lecture that one part of unemployment is to be regarded as cyclical, and another part as strucural in the defined sense. This implied certain limits to traditional demand management and possible points of approach for a corresponding manpower policy. With the deterioration of the 'trade-off' between employment level and inflation rate as expressed by the socalled Phillips-curves the importance of an UI-related manpower policy has grown considerably.

At the heart of this policy lies the following question: What measures are suitable for removing, or, at least, mitigating certain undesired effects and linkages between UI benefits, acceptability of job offers, wage level and inflation rate?

20. Basically there are 4 possible strategies for a specific manpower policy in place of traditional demand management:

- increasing the number of jobs offered;
- distributing existing jobs amongst a greater number of workers;
- adjustment strategies (that is making the supply and demand 'profiles' of jobs and job seekers more compatible);
- support strategies, especially measures to maintain unprofitable sectors of economy.

It is inpossible to discuss all measures that come within the scope of these strategies. Essentially several conclusions taken from another more comprehensive study(5) can be given. All measures contribute at first to a reduction of unemployment. This implies corresponding savings in the field of UI, additional revenues for the government and the social insurance bodies (taxes, contributions) as well as an additional production of goods and services in most cases. The costs of these measures ara almost exclusively borne by the government or by UI. Measures for redistribution and flexibilization of existing work take up a special position with respect to costs. Usually costs for the government are low in this field, apart from exceptions like the flexible retirement age. These measures are particularly suitable in situations where opposition against a growing public sector slice of the GNP has to be taken into account, as is the case in many countries at present. The government, though, can generally only promote these measures by corresponding legislation, as the measures themselves must be negotiated by the two sides of industry. Measures, however, under which an unemployed person can be forced to take up work against his own will, are often questionable. This is the case e.g. in some job creation programs if a withdrawal of benefits is threatened. On the other hand the interests of the unemployed, the employers and the public must be balanced against each other regarding these measures. If long-term reduction of unemployment, greater prospects of success with general demand management and at the same time an improved 'trade-off' are desired, then those measures aiming at a qualitative adjustment of supply and demand on the labour market are

more suitable, that is measures that can be tailored to the demands of the respective problem groups. Structural unemployment is thus being transformed into a form of unemployment that can be affected by cyclical economic policy.
It can generally be said that those measures for improving the 'trade-off' are particularly suitable for making the jobs more *attractive*. There is a certain substitutive relation between the attractiveness of the job and wage level. The question of whether a job is attractive enough is largely identical with the question of whether the wage - at a given attractiveness of the job - is high enough to make the job seem acceptable. The demands upon the attractiveness of jobs have clearly grown over the last decades - especially from among the younger generation. Relatively unattractive jobs are thus only accepted if the wages are correspondingly high. If inflationary effects are to be avoided, some porportion of the wages must be substituded by higher job attractiveness. This attractiveness can e.g. be achieved by a better furnishing of the workplace, by a change in organisational processes, by avoiding demotivating work, but also by granting the workers greater autonomy in arranging their working hours (in the sense of flexible starting and finishing times, also length of the working time). The same applies to adjustment measures that increase the level of job qualifications (e.g. further education, retraining). Because of the simultaneous improvement of job quality and job attractiveness, combining these measures with measures for redistribution and flexibilization of work seems particularly suitable for reducing labour market problems that arise from the aspect of UI. Higher productivity, greater job satisfaction, conservation of the environment, relatively low costs of the measures and a lasting fall in unemployment all coincide here.

21. The approaches towards a more efficient labour market policy vary greatly in the Western industrial countries. Even ideologically closely related governments pursue extremely different strategies for reducing unemployment and have different standpoints e.g. concerning the assessment of abuse or disincentives of the UI or the socalled acceptability of the job on offer. Whereas in Germany FR the attitude towards the unemployed is tending to become harsher, the economic policy in France, likewise under a socialist prime minister, is pursuing a course of expansion, and stricter qualifying conditions for the receipt of UI benefits are rejected. In Great Britain and in the USA -

both countries with conservative governments - there is likewise a tendency to cut social benefits, yet in the USA, as opposed to GB, there is a fiscal policy promoting employment and economic expansion by tax cuts; also Reagan has not included substantial cuts in the UI sector in his program.
Even so the need for a closer relationship between UI policy and labour market policy is recognized today in most countries. But whereas in some countries (e.g. Italy) the traditional job finding function (labour exchange) of the employment service is predominant, other employment service administrations (e.g. in Germany FR) offer a wide range of measures for vocational adaptation and retraining as well as for job creating. The considerations set forth in this lecture have shown that the problems of UI, especially in an economic crisis with high and persisting unemployment, can only be solved by a closer coordination of UI policy and labour market policy. The crucial points of such a policy will be found especially in the field of possible incentives or disincentives. It does not matter whether the necessary measures are assigned to the sector of active UI policy or to that of specific labour market policy. In any case, though, the international economic interdependence, especially within the EC, makes additional considerations necessary. As indicated before, initiatives and solutions are now presenting themselves at Community level. These represent an essential step towards a Community based on solidarity and towards achieving the right of work for all.

NOTES

1. Cf.M. Feldstein: The Effects of Unemployment Insurance on Temporary Layoff Unemployment. Harvard discussion paper No. 520, Cambridge/ Mass., 1976.
2. Cf.A. Holen: Effects of Unemployment Insurance Entitlements on Duration and Job Search Outcome, Arlington/Virginia 1976 and R. Feinberg: Risc Aversion and the Duration of Unemployment. In: The Review of Economics and Statistics, Bd. 59, No. 3/1977. S. 264 ff.
3. Cf.A. Mittelstädt: Unemployment Benefits and Related Payments in Seven Major Countries. In: Occasional Studies, OECD 1975.
4. Cf. Holen, l.c.
5. J. Volz: Arbeitslosenversicherung under Arbeitslosigkeit in integrierten Wirtschaftsraümen, München 1980.

Prof. Almudena Durán Heras

The stabilizing effects of the social security on the economic crisis

I. INTRODUCTION

In general, articles dealing with the topic of Social Security and economic crisis focus on the effects of the crisis on the Social Security. However, this paper takes the opposite perspective, since it deals with the influence of the Social Security on the crisis. This topic may seem to be of little interest to Social Security analysts, since it could be said that economic policy specialists should deal with it. However, this attitude nowadays is extremely dangerous. There has been a marked shift during the last few years; today the priority scale of many countries places a healthy economy above numerous other objectives including, for example, equity. As a consequence of this relative priority the Social Security can only continue improving its coverage, or even maintaining its present level, if it is not percieved as a menace to the healthy development of the economy.

A modern Social Security system necessarily has an important impact on the economy. This impact is not just a consequence of the high relative weight of the Social Security expenditures on the Gross National Product. Moreover, the social benefits bring about changes in the resource allocation process, not only with respect to the market oriented private sector but also with respect to the traditional Public Sector. In the latter, expenditures are made to produce indivisible services. Consequently, there is no change in the market principle whereby individuals receive resources only insofar as they contribute to the production process.

On the contrary, the Social Security allocates resources to individuals or to clearly indentified families on the basis, partially at least, of their need. In other words, the Social Security originates changes in the individual's income not only when obtaining its revenues but also by means of its benefits. Therefore, the Social Security, like any other income distribution mechanism, changes the individual's incentives to produce through his work and/or through his savings (which brings about an increase in capital goods). For this reason the Social Security has

become a target for criticism from those who want to cure the maladies of the economy by means of a return to the private initiative as the exclusive drive of economic activity. The Social Security has been especially accused of increasing the price of labour artificially, making it unattractive to its potential consumers, the employers. However, it must be remembered that those periods in which the economy was ruled by market criteria to a far greater extent than nowadays, where not always flourishing moments. Inestability should be mentioned as one of the most frequent problems in that type of economic system.
The Social Security has always been recognized as a mechanism to decrease social conflict. This role as an avoidance factor has been judged by some authors as being so important and effective as to consider it a critical factor in the survival of the capitalist system. However, even though the importance of conflicts in the dynamics of the entire system cannot be denied, this paper will only analyze that partial aspect of the system which usually comes under the heading of economics. The economies of different countries, especially in a market oriented system, have not had a linear evolution. On the contrary, they have known moments of rapid growth and periods of declining rates which were not always attributable to exogenous factors such as wars or natural disasters. Aggregate demand is an important variable in the explanation of these fluctuations. Without entering into a discussion of errors of economic policy or of any other type, which lie outside the scope of this paper, and may have increased the instability of aggregate demand, there is no question that the latter variable plays a critical role in the development and evolution of economic crises.The keynesian interpretation of the economic cycle rests heavily on the behaviour of aggregate demand.
According to this economic cycle theorie (which nowadays seems classic in the light of the most recent crisis), aggregate demand may be different from the productive capability of the country. A higher demand created inflation, while a lower demand meant unemployment. This type of interpretation does not fully explain the present economic problems, in which both inflation and unemployment appear simultaneously.
However, the existance of new problems does not mean that aggregate demand is no longer of importance. Contemporary economies are less prone to acute falls in demand, but only because they have stabilizers built into their own institutions. Social Security is not the only - and probably not the most important - of the mechanisms which help the

economy avoid these pitfalls. But its role may be significant, as the present paper tries to show.

II.AUTOMATIC VERSUS DISCRETIONARY ACTION

Countercyclical behaviour by any institution can be either discretionary or automatic. It is called discretionary if the actions of that institution are changed specifically to influence the course of the economy.
The Social Security is not an adecuate instrument for short-term discretionary action of this kind. Its benefits should be ruled by long term criteria, and thus lack the necessary flexibility. Although the benefits can always be increased without problems, except those which derive from their financing, reducing them is another matter, and raises considerable resistance. For this reason, some researchers conclude that the Social Security can be used only in one direction: as an accelerator, but not as a dampener of demand.
In any case, it is not convenient to alter the conditions for granting benefits every time there is a change in the economic situation, since its first objective should be to provide security for the individual. An example of a possible change in the Social Security rules is the variation in the retirement age. In Spain the lowering of the retirement age has been proposed as way as a way of reducing the unemployment rate. It is not presented as a temporary measure, because the general feeling is that unemployment is going to be a long term problem. However, it would be more desirable, from the point of view of suiting the economic situation, if the retirement age were made to be flexible, its rules favoring early retirement only when labour market conditions were particulary bad. Otherwise, the potential output of the economy would be lowered through early retirement, since it would reduce the number of people available for work.
Another possible way of carrying out an active countercyclical policy through the Social Security would be to revaluate benefits (given an inflationary economy) more when the policy is to increase demand, and less when it is required to lower it. But that would imply a subordination of social goals to those of economic policy, and that is highly dangerous. Beneficiaries would not profit from the moments of rapid economic growth. Altogether, the automatic adjustment of benefits provides a more secure quarantee than a discretionary economic policy.
A classical way of implementing a countercyclical

economic policy is to use public investment. The building of public works to keep up employment is a traditional remedy. Again Social Security is not too well suited for this activity, since the immense majority of its expenditures are current transfers. In the production of health and social services, the capital investment required to create a new facility is comparatively low in relation to the current expenditures needed to maintain it functioning. Thus, even where the Social Security controls the investment decision, there is little opportunity to maintain an active countercyclical policy.
But this does not mean, however, that the Social Security cannot make significant contributions. Its stabilization capability does not come from its discretionary policy, but from its automatic operations, which do not require taking specific measures. An institution is said to operate as an automatic stabilizer if it drains demand when the economy is overheated, and, conversely, sustains demand when it falters. The next sections are devoted to show that the Social Security has precisely this effect in the course of its normal operations.

III. THE EFFECTS OF THE SOCIAL SECURITY ON DEMAND

The Social Security influences demand through several mechanisms. It can subtract or add to the monetary flows in a given moment. When its receipts excede its expenditures, it will be subtracting disposable income from the private sector. Since part of that income would have been used to buy goods and services, the demand will be lowered. Conversely, when its expenditures excede its receipts, it would be pumping in funds and pushing up demand. But the Social Security can affect demand through variations in the private sector's saving rate even when its receipts and expenditures are in equilibrium. Similarly the structure of demand can also be altered. Each of the three types of influences will be analyzed in the following pages.

A. *Short-term variations in receipts and expenditures*

Social Security contributions are usually linked to the salary, and the total amount collected depends, of course, on the number of people employed. Thus variations in the level of economic activity will affect Social Security receipts. But the degree of sensivity depends upon the

way in which contributions are calculated. A system with a comparatively low contribution maximum would not automatically reflect changes in salaries, although it would still eact to variations in the number of people employed. In general, contributions will go up or down with the cycle, collecting less in the down turns. Its anticyclical proclivity should be less pronounced than that of direct taxation, although with a smaller time lag.
The expenditures of the various Social Security elements have a very different linkage with economic activity. The number of people receiving unemployment benefits increase, of course, in moments of crisis. Unemployment insurance is a natural countercyclicar mechanism, since its goal is to maintain some acquisition capacity for families which would otherwise lose it in times of crisis.
But unemployment insurance is not the only element of the Social Security which increases its expenditures during recession. Other benefits designed to substitute earnings are demanded more often when the job market is down. For example people which can be considered borderline cases will seek to be declared invalid or to retire early. Similarly more people will qualify to receive mean-tested benefits.
Family allowances that are not mean tested, and health benefits do not have a clearcut countercyclical behaviour. There is no reason for them to change following short-term variations in the level of economic activity. In the case of health services, the Social Security will at least maintain demand in a sector that would otherwise suffer with depression. Only when the 'ticket moderateur' is very high, is there reason to expect a decrease in the demand for health services due to a reduced personal income.
In general, and normative changes not withstanding, the number of persons receiving Social Security benefits will grow faster when the economy is down.
Thus, if contributions are lower and benefits increase their expenditures during recessions, and viceversa, the balance of the social budget will move countercyclically. But that would mean deficit financing during low economic activity, to be compensated by superavit in more prosperous times. Thus the stabilization effects we have made reference to sofar require the existance of sufficient financial reserves to finance the deficit during the crisis. On the contrary, if the expenditures have to be financed from present year current income, the increase in expenditures will require an increase in contributions: rates, maximums, etc,. Then there would be no countercyclical variations

on receipts and expenditures.
The current economic crisis, with which the industrialized countries have been faced for nearly a decade is not just another case of the business cycle. Although there have been relative ups and downs in national production, full employment is no longer attained. Thus the majority of the european countries have been forced to choose between a reduction in the personal protection level, or an increase in contributions, or both. No matter what the level of each systems financial reserves is at the beginning of the crisis, a deficit cannot be maintained forever. Thus several countries, Spain included, have increased the contribution rate to the unemployment insurance because the expenditures were growing. From the point of view of stabilization it would be better if the rates were kept at a fixed level, balancing the results of the different years. However, in the current situation many countries do not seem able to determine which is the new average unemployment level, for, although it is certainly higher than it was, it is not known whether it is going to stabilize around any particular point.

B. *Changes in the savings rate*

A high saving rate can be highly valued as a necessary condition for rapid economic growth, or, on the contrary, be tainted as a factor that makes it difficult to attain full employment. This is known as the 'savings paradox' and its contradiction stems from the different situation on which the hypothesis of the analysis can be based. This decrease in the mean rate can be achieved if a part of the income in private hands passes into the public sector and is completely consumed. In this case aggregate demand increases by that amount, which would have been saved if the families had kept it. This property is called the expansionary effect of an equilibrium budget.
Since the Social Security devotes the majority of its expenses to monetary transfers to families, it generates demand indirectly, in other words by putting money at the disposal of families so that these can purchase goods and services. Due to this fact, many authors who have dealt with the stabilization role of the Public Sector have given little attention to the Social Security despite its quantitative relevance in monetary terms. The reason for this disregard of the Social Sucurity is that the impact is larger when the expenditures is direct, such as the building of roads, than when the money is transferned to a family which will later be able to spend it or keep it.

However, the majority of the families which get social benefits are going to save little or no part at all of it, if, as usually happens, the Social Security redistributes income, since people with lower incomes tend to save a smaller proportion of their earnings. Besides, it has to be born in mind that the Social Security benefits are designed to be given to those families which go through a difficult economic situation.
In general, since these benefits do not fully cover the lost income or the increase in expenses, the family will still suffer from some difficulties after having received them.
Consequiently, if a family's consumption rate is more related to the permanent income than to the current income, as it is generally believed, the funds devoted to social benefits will be used up immediately for consumption.
However, as might be expected, this does not always occur. In Spain, the minimum retirement pension, which in a city would not be enough, might surpass the previous income in a depressed rural environment. In these cases, it has been observed that a considerable savings rate is often archieved. But this is the exception rather than the rule. In general, social benefits are used up immediately in consumption. Besides, the existance of these benefits makes it less necessary for ordinary families to save, as there is less risk of losing future family incomes. This private saving tends to diminish due to the Social Security. Here again there are exceptions. For example, an early retirement age, if known by the person concerned during his active life, tends to encourage savings. In the same way, the existance of social benefits prevents the negative saving in which families would have to incur if their incomes were temporarily stopped. But, in general, given the negligible institutional savings of most of the current Social Security systems, it is likely that the aggregate savings rate will be slightly lower because of the existance of Social Security benefits.
Under conditions of 'Keynesian' crisis, that is to say, nonused production capacity due mainly to a reduced aggregate demand, this reduction of the savings rate increases the total income of a country.

C. *The effects on the structure of demand*

The Social Security can also influence the economic situation through changes in the structure of demand. Since the influence of this structural change on the economy is not a well-known phenomenon, the analysis will go into it in some what greater depth.

In the foregone sections demand has been discussed as if it were something uniform, and equivalent to what can be produced with the unused capacity existing in the country. Naturally, this is an abstraction, because the people have definite desires that can only be satisfied with specific goods. However, such a simplification is valid if supply and demand are similar in their composition, or else they have the capability of changing rapidly under the influence of variations in relative prices.

In the last case the products would find their consumers even though these might have initially been interested in another product, and/or production will be altered to meet the consumers new desires. In either case, an increase in aggregate demand originates a proportional rise in production.

One of the causes of the current economic crisis is that the abovementioned adjustment between supply and demand does not work the way it should. In fact, there are many services and goods which have an extremely rigid supply, at least within a short or medium period of time. An increase in the demand for these products results in an increment in prices instead of an increase in production. An analysis of the demand side suggests that there are also many products with a low substitution elasticity. In other words, they meet a necessity for which there are no good substitutes, and the consumers would demand nearly the same amount over an ample price range.

Therefore an increase in the purchases of these products on the part of consumers would increase their prices and bring about a monopolistic income for the owners of the critical factor, but not result in a higher capacity utilization, since production would not react to the higher price.

This rigidity both of the supply and the demand can reach different levels, and it may have either physical or technological causes. The end result is that any new demand originates a price increase, although there is non-used capacity, since the latter can only be used to produce something else, or, it cannot be put to use for institutional reasons.

In a national economy something similar happens when the good or service whose demand is high is not produced in the country itself. Then the adverse effect may be on the balance of payments rather than on the price index, but in any case it will not increase employment.

The most important example of this effect, but certainly

not the only one, is, of course, petroleum. In the actual productive structure of the western countries, it cannot be substituted and any increase in the purchase of a wide range of products translates into a higher demand of it since it is a raw material. Yet, its supply is rather rigid, on a worldwide basis. In the short term this is due to the monopolistic power of the producers, but in the long term to the existance of real physical limitations. Thus, if aggregate demand is reactivated in any industrial country part of that demand escapes in this direction without any improvement in the utilization of the productive capacity of that country.

Apart from petroleum, there are many other goods and services with a supply rigidity and little elasticity in the demand. In order to be able to analyze the effects of the demand upon production, the composition of it must first be studied, because depending upon the type of demand product, its impact will be stronger upon inflation or upon employment.

The structure of the demand can be altered quite considerably by the Social Security. It increases the demand of health goods and services and, in general, of the products that constitute the benefits - in - kind, paid by the Social Security.

Similarly, when there is a change in the income distribution, it will affect the structure of consumption, since different groups of people also have different needs and desires. The effect would be positive if the demand thus induced by the Social Security were to be directed towards goods and services whose domestic supply has a relatively high elasticity, that is to say its production would increase following demand with rew price changes. It is quite impossible to answer this question in a general manner since the situation is different from one country to another, and even in one specific country it will vary according to the time period and the specific benefit which is being considered.

For example, in Spain, when the extension of health benefits to the majority of the population started, the number of doctors was comparatively small. As with all highly qualified personnel, the supply was fairly rigid in the short term. Thus the increased demand for medical services brought about by Social Security, resulted in doctors holding more than one job, with a greater benefit to their income than for their output, since the number of hours that can be efficiently worked by any one person is limited. However, in the time gone by since then, the number of doctors has increased sharply, and the supply of this product - medical services - has grown more rapidly than the demand induced by the Social Security. Thus nowadays, an increase in the demand could be matched by supply and even improve employment, hiring out-of-work doctors. There still exists, though, a certain institutional rigidity in the supply since the personnel that has held a job for a number of years has acquired certain rights (and experience) to it, and cannot be easily substituted by an unemployed newcomer. The example is perhaps not very significant, since most of Social Security expenses are devoted to economic benefits, and it is up to the recipient to spend it. In as much as the Social Security carries out its income redistribution task it can be assumed that an increase in the demand for basic goods and services will be induced. Yet, the term 'basic' goods is a relative one and results cannot be generalized in this area.

CONCLUSION

The interrelations of the Social Security with the economy are complex, and cannot be simply dismissed with a generic statement about the burden that Social Security is to the economy. By maintaining the purchasing power of an ample number of consumers which would otherwise have lost it, the Social Security helps to prevent the spiralling of the crises. The lowering of the saving rate attributed to Social Security can be a shield against a demand-induced crisis. But the current situation is not only a demand problem, and it has become important to study how the supply of different products reacts to an increase in the demand, whether it brings a rise in production, and particulary, whether it raises employment.
If the system of Social Security introduces rigidities which make this adjustment of the production system more difficult, either through its financing or its benefits, it will have a negative impact on the crisis.
The economic analysis does not justify dismantelling social protection due to the crisis. However it is to be desired that specific actions talken, or the ones currently applied, be evaluated to see if they diminish the capacity of the system to adapt to changing situations such as the excess supply of labour.

Prof. Antonio Chozas Bermúdez

La crise économique et les réformes de structure dans la sécurité sociale

Un texte déjà presque oublié, où la situation du vieil empire austro-hongrois au temps de François Joseph est définie comme 'toujours désespérée mais jamais grave', revient et s'impose, irrésistible, à mon esprit, au moment d'aborder le sujet de ce rapport. Il se peut du reste que remémorer cet impitoyable trait d'humour soit opportun - surtout si on le prend *cum grano salis* -, lorsque l'heure est venue de mentionner la crise: cette crise économique qui déjoue les efforts de tant de scientifiques, de tant d'experts, et dont l'ombre plane, de plus en plus inquiétante, sur tous les membres de la cité. Il se peut bien que cette remémoration soit opportune, étant donné la nature de notre système productif - et productiviste. Car ce système s'est présenté, dès ses origines mêmes, comme un enchainement de crises et d'altérations, comme une structure où les discontinuités et les ruptures étaient les éléments de continuité les plus caracteristiques. Car il n'a été jusqu'à présent qu'une succession - incontrôlée au début, partiellement réglée plus tard- d'oscillations désordonnées et de cadences changeantes, dont les répercussions sociales, souvent violentes ou traumatisantes, et apparemment susceptibles de rendre impossible la permanence du dispositif, ont toujours semblé justifier les plus sombres prédictions sur sa capacité de survie.

La sécurité sociale, l'autre aspect de notre sujet, s'insère dans le cadre général de l'action protectrice de l'Etat et de la politique sociale. Historiquement, elle est apparue comme une tentative visant à réduire ou à modérer les conséquences les plus inacceptables et scandaleuses du développement capitaliste, pour rendre ce développement compatible avec un minimum de paix sociale. Inutile déjouter que depuis lors et après une très longue spirale d'actions et de réactions, la situation est devenue plus supportable à ce point qu'on a pu définir nos sociétés - un peu précipitemment, peutêtre -, en termes de bien-être et d'abondance généralisée. Cependant, après une longue période de calme, une nouvelle crise, l'actuelle, est venue nous rappeller que certains conflits fondamentaux demeurent et qu'ils ont un grand potentiel de reproduction.

Cela est une réalité que nous ne pouvons pas feindre d'ignorer, même si les bornes se sont déplacées et si la crise actuelle se presente sous des traits inédits.
Nous ne pouvons pas prétendre non plus, que cette crise nous ait surpris ou qu'elle soit survenue brusquement sous l'influence de facteurs extérieurs. Ses effets se sont clairement manifestés dès que les prix de certains produits énergétiques commencerent à augmenter rapidement. Bien avant, d'ailleurs, les travaux menés sous les auspices du Club de Roma - pour ne mentionner qu'un avertissement très notoire, issu de l'intérieur même du système - avaient déjà attiré l'attention tant sur les nouvelles tensions sociales et écologiques provoquées par une expansion économique incontrolée que sur les limites d'une croissance simplement quantitative. Et il sérait inutile de dresser maintenant la liste des nombreuses voix, également issues de l'intérieur du système ou de ses environs - sans parler des voix ouvertement antagoniques - que se sont élevées, au milieu de l'euphorie et du calme des années de la grande expansion, pour signaler les nouveaux problèmes et les nouveaux dangers; aussi inutile que d'évoquer l'essor redonné par ces pronostics au vieux criticisme, à un moment où il était en une grand partie debordé par la souplesse et la capacité d'intégration du système productif. Car néamoins - et malgré certains indices économiques inquiétants, malgré certains phénomènes sociaux aussi importants que le Mai français du 68 ou 'l'automne chaud' italien du 69, malgré l'apparition des grèves 'sauvages' et d'un nouveau faisceau de revendications syndicales qualitatives -, le dynamisme de la croissance, appuyé sur une légitimité sociale jusqu'alors inconnue, que sa propre efficacité lui pretait, semblait capable de tout surmonter et de transformer n'importe quelle perturbation en un simple accident dans la marche impossible d'arrêter vers le progrès économique et le bien-être social.
Naturellement, dès que la crise s'est montrée sans équivoque, et plus tard, dès du'elle s'est consolidée et aggravée, les avertissements sont devenus plus fréquants, plus insistants, et les prédictions négatives allant du ton sombre au ton apocalyptique sont réapparues. Mais on dirait que de très larges secteurs de nos sociétés continuent à avoir confiance - au tréfonds de leurs expectatives individuelles et collectives - dans cette 'main invisible' qu'Adam Smith a incorporée à son système comme une version sécularisée des anciennes figures de la fortune ou de la providence, petrifiés par le regard d'une nouvelle et plus puissante Gorgone. Il n'y a presque aucune correspondance entre les discours les plus lucides et l'action.

En fait, beaucoup esperent que le temps - bien qu'il nous presse de plus en plus - va ramener les aux a leur lit habituel, va rétablir l'ordre ancien à peu près, et va permettre ainsi qu'on applique les méthodes et les rèmedes dejà connus. Le nombre de chômeurs augmente, celui des missiles à têtes nucléaires, aussi, mais on ne songe guère à l'explosion, peut-être parce qu'on la craint tant, et trop souvent on remplace l'action rationnelle par les formules incantatoires ou par les voeux.

De toute façon, et quel qu'il soit le degré atteint par cette inhibition, par ce fatalisme ou par cette impuissance, il y a un autre fait alarmant sur lequel nous voulons tout particulièrement insister. Il s'agit de la tentative à peine voilée de magnifier la crise, non certainement pas pour faire jouer tous les ressorts de l'effort et de l'imaginations en face des défis que cette crise comporte, mais pour introduire un nouveau et puissant moyen de contrôle social, à un moment où le langage de la crainte semble être plus efficace que celui de la croissance sans bornes. Silence, il y a une crise. Par ce biais essaie d'atteindre un but évident: nier ou mettre entre parenthèses aussi bien les racines de la crise que les sources réelles des conflits, en déviant l'attention vers d'autres régions extérieures ou intérieures, en poussant à la recherche d'un ennemi plus ou moins visible. De cette façon, on parvient à dégager le terrain pour réduire la solution a un expédient unique et salutaire: le libre épanouissement du même système productif, purifié autant que possible de ses facheuses adhérences sociales. La prétention de retourner à un impossible capitalisme pur et dur qui n'essaie pas même de se cacher derrière le monétarisme friedmanien - si magistralement réfuté, dans un article récent, par J.K.Galbraith (1) -, le dessein de revenir à on ne sait pas quelle orthodoxie, la dénonciation globale et sans distinctions de l'expansion des dépenses sociales, les très nombreuses théories et prédictions sur la fin de 'l'Etat protecteur' et du *Welfare*; toutes ces attitudes et ces vues s'insèrent d'une manière cohérente dans la trame de cette utilisation fallacieuse de la crise. Et cela sans parler d'une nouvelle croissade en faveur de la liberté, qui compare au collectivisme le service public de soins médicaux efficaces, par exemple.
Il faut dire, cependant, que cette 'charge des conservateurs' contre le *Welfare* (Galbraith), n'est pas exclusivement le fait d'un courant 'droitier'. Cette charge est menée aussi par des larges secteurs d'une certaine nouvelle gauche qui, en faisant la critique abstraite du grand

Léviathan étatiste, ont récupéré le souffle qu'ils avaient perdu à d'autres combats. Bien entendu, les critiques concernant le comment, le combien et même le quoi de l'intervention de l'Etat, trouvent le terrain préparé à beaucoup d'égards. Le manque d'efficacité, le bureaucratisme. l'insuffisance ou l'absence de la participation des administrés, sont autant de tares réelles - bien qu'aucunement exclusives - dont la dénonciation est devenue un lieu commun. Et pourtant à l'heure actuelle il n'est pas possible de concevoir - pas même du point de vue autogestionnaire - l'orientation consciente et globale du développement sans une régulation centralisée.
Les réactions ne sont pas toujours aussi hostiles. Même dans des perspectives semblables à celles dont il vient d'être question, on admet que l'action sociale de l'Etat protecteur' est une chose dejà établie et probablement irréversible. Cependant, pour ce que est des dépenses sociales, on parle de relâches, de sursis ou de reductions, parce que ces dépenses ne sont finalement considerées que comme un lest ou un passif de la croissance économique. Cela comporte ou un apriorisme idéologique ou une ignorance, aujourd'hui injustifiée, de la dialectique qui relie la politique économique et la politique sociale. Mais on ne trouve que l'image inversée du même économicisme chez ceux qui - méconnaissant aussi cette dialectique - préconisent le maintien inconditionné du rythme d'expansion des dépenses publiques à buts sociaux. Nous reviendrons sur cette question.

Les caractéristiques de la crise actuelle, en tant que crise économique, ont été décrites bien des fois par les spécialistes, et il ne nous appartient pas de le faire à nouveau ici. Néamoins. s'il règne un accord relativement général quant aux symptômes, il n'en est pas de même quant aux remèdes et prédictions. Les polémiques qui divisent aujourd'hui les économistes reflétent, dans le domaine de la connaissance scientifique, la crise qui ébranle la réalité objet de leurs études. Ce que la crise actuelle nous a fait voir, entre autres choses, c'est l'impuissance d'une certaine conseption macroéconomique et d'un certain type d'interventionnisme ou de régulation du processus économique qui se fondent sur cette conception-là et qui se rattachent, d'une façon plus ou moins directe, au large courant du keynesianisme. La perplexité devant le chômage massif, l'incapacité pour dominer la 'stangflation', et finalement la mise en question de la macroéconomie -'cet écroulement d'une illusion', dont un de nous plus remarquables économistes, le professeur L.A.Rojo, a parlé

récemment - montrent bien quelles sont les difficultés de la situation actuelle. Et tout cela constitue, bien entendu, un phénomène très instructif pour ceux qui s'occupent, comme nous mêmes, de la politique sociale. D'un coté, parce que la régulation macroéconomique du système - qui est de souche keynesienne - a été en grande partie le vrai pivot théorique des mesures concernant l'action sociale: de l'autre, parce que les faits nous révélent clairement les limites d'une discipline qui a été le point privilégié de référence pour toute politique sociale.
En effet, la dépendance de la politique sociale a toujours été si étroite par rapport à la politique économique, que la crise économique a amené tout de suite une crise parallele des services sociaux et de l'action protectrice de l'Etat. Les résultats obtenus au cours des deux dernières décennies par la politique sociale (amelioration et systématisation de la protection sociale en faveur des plus démunis, atténuation des inégalités les plus criantes, une certaine redistribution du revenu, un net accroissement des services sociaux et de la consommation sociale).
Sont aussi importants que bien connus. Grâce à eux, il y a eu un consensus généralisé - bien que pas tout a fait libre de tensions - quant au rôle social de l'Etat et à la propagation d'un certain bienêtre. Mais ces résultats ont été mis en question à partir du moment où l'accumulation et la croissance sont descendues audessous du niveau qui rendait possible un flux important de transferts sans trop de perturbations. Cela montre à quel point la politique sociale, manquant d'asisses propres ou autonomes, a opéré sur la base de la confiance et l'inertie amassées le long de nombreuses années d'expansion économique continue et de cécité devant les signes d'une crise larvée.
Si, après l'éclosion de la crise, les attaques contre la science économique ont repris force, et on est allé jusqu'à l'accuser, avec une exagération évidente, d'être un 'colosse au pieds d'argile', que peut-on dire d'une politique sociale qui lui est entièrement subordonnée et qui est dépourvue de visées propres ou d'un appui pour les rendre effectives? Que peut-on faire lorsque l'économie se trouve, elle même, dans la perplexité ou l'impuissance? Non, ce n'est pas étonnant qu'on n'ait fait, dans ce domaine, qu' énoncer des aspirations et des principes ou, à l'autre extreme, que se référer, sans plus et sous une forme ou une autre, aux prescriptions de l'économie.

La façon ordinaire d'envisager les rapports entre le secteur économique et le secteur social est encore soumise a une optique simplificatrice et mécaniste.

En effet, selon le modèle de croissance accepté pendant les dernières décennies, il y a d'abord un dynamisme central, celui de l'expansion du système productif qui se développe conformément à ses propres besoins, et ensuite un ensemble de dynamismes sociaux qui découlent du premier. Dans cette perspective, l'économie se présente comme le secteur puissant - comme le moteur de toute avance, de toute transformation -, qui est muni par surcroît d'un dispositif scientifique bien structuré et d'importants instruments de mesure et prévision. Par contre, le secteur social n'apparaît ainsi que comme un résultat, comme un fruit de la croissance, qui peut réagir sur elle d'une manière bienfaisante, en corrigeant 'les dures arêtes du capitalisme' (Galbraith), mais qui n'est en somme qu'une sphère vague et floue, bâtie sur les restes du flux productif, même lorsque le volume de cette sphère atteint une grande ampleur. Si l'économie s'épanouit, elle sécréte un excédent qui demeure à la disposition du secteur social; si elle se rétrécit, il faut que - tout en préservant un certain minimum - les préocupations 'sociales' et 'humanitaires' soient subordonnées, dans la mesure requise par la situation, aux objectifs vraiment importants, aux objectifs économiques. Lorsque les menaces se précisent, la demande de réduire sans distinctions les dépenses sociales devient une exigence-pressante, et on parle ouvertement de 'la fin du secteur social' ou du besoin d'une 'implosion sociale', en préparant le *requiem* pour l'Etat protecteur.
Cette classification de la matière économique et la matière sociale en deux pôles, en deux catégories opposées - ou mieux encore, cette réduction economiciste du champ social - est le résultat des tensions très complexes, nées de l'antagonisme existant entre deux sortes de logiques: entre la logique de la production axée sur le profit (en définitive, de la production, avec indépendance de ce qui est produit), et la logique du bien commun; entre la logique des moyens, et celle des fins; entre celle de la croissance quantitative et celle du développement global. Au cours du processus réel, le champ économique et le champ social ne peuvent pas, bien entendu, se séparer puisqu'ils constituent les deux aspects d'une seule entité, à l'intérieur de laquelle chacun de ces deux pôles s'insére dans l'autre par le jeu d'un vaste et très complexe faisceau d'interactions dialectiques. Mais cette entité unitaire est envisagée et classée selon des optiques ou des idées differentes -et rigidement fixées jusqu'à présent- qui donnent la primauté soit à l'un, soit à l'autre des deux termes de la polarité dont on vient de parler, en fonction de l'antagonisme mentionné plus haut. Et on ne peut pas

avoir beaucoup de doutes sur laquelle de ces deux sortes de logiques a prévalu jusqu'à l'heure actuelle, ou sur laquelle de ces deux sortes d'optique a dominé l'analyse. Cependant, avec sa souplesse et son aptitude bien prouvées pour s'adapter à n'importe quels défis, notre système de production, le capitalisme évolué, s'est annexé, dans son mouvement d'expansion et d'universalisation, de larges territoires du domaine social, situés bien au-delà de la simple action correctrice ou de la régulation conjoncturelle. Et les nouveaux éléments que le système a incorporé ainsi à l'ensemble de ses besoins et ses possibilités de croissance, sont devenus indispensables pour son bon fonctionnement. Beaucoup croient que la pénétration dans le domaine social a été la base de la récente et dejà révolue époque du capitalisme. Et certains sont tout près de penser que le fait d'avoir atteint les limites de cette pénétration est l'une des raisons profondes de la crise actuelle.

L'incorporation de ces teritoires - qui est chargée de complications et d'ambiguītés - pose tant de questions qu'on ne peut pas même les dénombrer ici. On peut néamoins dire que ce processus implique une certaine complémentarité, dans la mesure où le capitalisme a assumé en bonne partie la projection sociale de son évolution. En tout cas, il sérait bien difficile d'imaginer une issue pour la crise actuelle, si l'intervention dans le domaine social était suspendue. L'accroissement de la pression fiscale et des dépenses publiques dans le secteur social a un plafond économique qui est mouvant et aléatoire. Discuter ce point nous menérait, bien entendu, trop loin. Cependant, peut-on soutenir sur des bases scientifiques que les dépenses sociales aient dejà depassé le seuil de tolérance? ou qu'elles soient devenues une menace sérieuse pour l'existance ou pour le bon fonctionnement de l'économie de marché? Il faudrait préciser d'abord ce qu'elle est ou doit être, exactement, l'économie de marché. Mais une telle tentative nous plongerait, à son tour, dans un nouveau débat.
Si le secteur social entraîne certainement des frais, il entraîne aussi sans nul doute des bénéfices bien connus. Et les critères dont on vient de parler doivent être appliqués avec une grande rigueur critique à chacun de ces deux aspects de la question. Autrement, on ne saurait pas échapper aux grosses erreurs de jugement qui faussent l'image des interventions dans le domaine social, en exagerant leur coût réel. Il faut également signaler, en passant, que la frèquente complémentarité entre les objectifs sociaux et les objectifs économiques a été

systématiquement sous-estimé, tandis que le caractère alternatif ou antagonique de ces objectifs a été constamment souligné. Il est très significatif, à ce propos, que beaucoup des participants à la récente conférence de l'OCDE sur 'Les politiques sociales des années quatre-vingt' aient insisté sur deux points:
a. on doit établir un rapport plus étroit entre la politique économique et la politique sociale, au moyen d'une coordination qui atténue l'état de dépendance de la deuxième;
b. bon nombre des contradictions qu'on a cru traditionnellement voir entre les fins et les objectifs de ces deux politiques manquent souvent de justification.
Malgré tout, on est maintenant bien plus près d'envisager les rapports entre ces deux réalités en termes de réciprocité et d'interaction. Mais, étant donné tounure actuelle de cette interaction, la politique sociale est tenue d'affirmer ses positions avec le plus grande vigueur.

En ce qui concerne les dépenses sociales, n'oublions pas que l'interventionnisme a fait naître non seulement des flux économiques importants, mais aussi un certain type de formes sociales, de comportements et de normes, de besoins et de valeurs; c'est à dire, une logique sociale autonome qui exerce une pression grandissante sur la base économique. La force de cette base et la poussée de ses tendances limitatives actuelles finiront par imposer, au moins, un mouvement nettement descendant vers la stabilisation ou la réduction es dépenses sociales, ainsi qu'un contrôle strict de celles-ci. Toutefois, il est peu vraisemblable que les groupes intéressés à cette réduction parviennent à l'implanter de façon unilatérale et suivant des critères exclusivement économiques, sans mettre en grave danger le consensus social qui règne encore, bien qu'il soit dejà assez délabré. Renverser les résultats obtenus jusqu'à présent semble d'ailleurs très difficile - en dépit des forces puissants qui leur sont contraires -, si l'on tient surtout compte du fait que, étant insuffisants, ces résultats ont toujours été legitimés comme des étapes dans l'avance vers de nouveaux progrès.

Ce problème nous renvoie, en definitive, à un autre bien plus radical: celui de l'orientation ou du sens final que doit prendre le développement qui va façonner l'avenir économique, social et politique de nos societés. En dernière analyse, il n'y a que deux possibilités: ou ce développement va continuer à s'inspirer de critères essentiellement productivistes, ou il va se montrer, par contre, capable d'assumer les expectatives, les besoins et les aspirations éveillées par lui, en s'ouvrant pour cela à un nouveau mode de vie, à une nouvelle forme de societé. A l'heure actuelle, on ne peut plus maintenir les regles traditionnelles. Dorénavant, on ne peut pas traiter le secteur social comme s'il était uniquement un prolongement du secteur économique, ou le limiter au minimum indispensable pour contrôler à court terme les réactions et les déséquilibres prévisibles, ni le réduire à une simple action d'assistance, destinée à calmer les couches marginales. Car toutes ces tendances - dejà si nettement dessinées sur le proche horizon - peuvent entraîner des conséquences extremement fâcheuses: une économie dualiste, une 'nation divisée', une société fragmentée, non solidaire et vouée à un durcissment, éventuellement violent, des conflits. Non, le minimum que nous pouvons accepter à très peu à voir avec le minimum qu'on nous propose. Une politique sociale digne de ce nom vise à changer profondément la plupart des schémas en vigueur, et ne craint ni les risques, ni les défis. Elle assume les antagonismes qui opposent les agents ou les forces sociales, et s'engage sciemment dans ce vieux combat pour la justice et le progrès qui est, peut être, le plus haut titre de dignité de nos sociétés occidentales.

Sur ce fond historique et dialectique, les systèmes de sécurité sociale représentent la concrétion principale et la plus généralisée de la politique sociale dans les pays démocratiques développés, à cause aussi bien de l'augmentation constante du nombre de leurs bénéficiaires, que des éventualités contre lequelles ils protègent, des prestations qu'ils octroient, et des considérables ressources qui leur sont consacrées. Pour cette raison, il est bien naturel que, dans l'atmosphère crée par la crise économique, la 'protection sociale', ainsi que son véhicule previlegié, la sécurité sociale, soient cinsées se trouver en mauvaise situation(2), et soient devenues le point central et le plus controversé du débat -évoqué plus haut. Cela nous amène à poser un certain nombre de questions.

Notons pour commencer que, dès ses origines et pendant toute son évolution historique, la sécurité sociale a été, dans la vie collective, un facteur décisif de changement social, Aussi, ni les réactions ni les conflits suscités par les nombreuses transformations que la sécurité sociale a provoqué dans la communauté, ne peuvent effacer un fait qui est indéniable et gros de conséquences: le système bâti après la deuxième guerre mondiale pour la

protection des personnes et des familles constitue une réalisation sociale d'une portée historique. (3)
Cette réussite est certainement reconnue et proclamée, voire célébrée, avec une emphase triomphante. Mais l'exaltation masque, en l'occurrence, des discours plus subtiles. Car en même temps on prétend que, pour sortir de la crise économique, les États doivent considérer comme terminée la période où ils étaient les protagonistes et les moteurs de l'action protectrice. On va ainsi jusqu'à insinuer que la demande de 'sécurité sociale' et de 'services sociaux' tend à se stabiliser, parce que ces formes de protection ont dejà atteint un degré suffisant 'd'universalisation'.
Et devant ces prises de position, nous ne pouvons point cacher que nos systèmes de sécurité sociale sont loin d'etre une chose finie, parfaite. Bien au contraire, d'une façon ou d'une autre l'action protectrice présente encore, dans tous les pays, des lacunes importantes, des insuffisances et même des incohérences: certains types de risques sont encore mal analysés; certains groupes restent toujours en marge, ou ne bénéficient que d'une protection précaire. Du reste, dans le domaine que leur est propre, les systèmes de protection ne contribuent pas autant qu'il serait nécessaire à fortifier le sentiment de sécurité, essentiellement pour deux raisons: d'un côté, parce que la notion de sécurité minimale évolue sans cesse, et les béné-ficiaires sont amenés à espérer davantage de la protection, au fur et à mesure que le pouvoir d'achat des travailleurs actifs augmente; de l'autre, parce que, malgré tous les efforts réalisés, ces systèmes operent dans un cadre impersonnel, où il n'est pas toujours possible de faire face à certains situations particulières, en général non prévues, qui résultent de la conjonction malencontreuse de plusieurs risques, et qui sont souvent les situations les plus graves. A part cela, n'ayant pas l'étendue requise, l'action préventive de ces systèmes laisse apparaître de nouvelles formes d'insécurité.

C'est sur ce fond de tableau - simplifié et schematique - que le thème de la réforme de la sécurité sociale se découpe.
Le besoin de cette réforme et les bienfaits qu'elle peut rapporter ne sont mis en doute aujourd'hui, ni sur le plan national, dans la plupart des pays développés, ni sur le plan international, dans les organismes spécialisés - comme le prouvent, par exemple, les remarquables contributions à l'étude de ce sujet, issues des deux dernières conférences organisées sous les auspices de notre Institut.
Cette conviction, si largement partagée, est due aux

difficultés de toute sorte que la sécurité sociale connaît à l'heure actuelle. Car on ne saurait ignorer qu'elle est maintenant aux prises avec de nombreux problemes. Avec des problemes interieurs - dereglements entrainés par sa propre expension. Et avec des problemes exterieurs - chute démographique, ralentissement de la croissance, changement des valeurs sociales -, qui decoulent aussi bien des transformations subies par l'environnement socio-économique global, que d'une conjoncture et d'un ensemble d'expectatives très défavorables. Mais ce sont surtout ces derniers problemes ceux qui conditionent étroitement les solutions techniques que la sécurité sociale demande. En effet, comme le professeur Perrin l'a si justement signalé, ces problemes généraux supposent une différence fondamentale par rapport à la situation antérieure, par rapport au moment ou, en dépit de ses difficultés endémiques, le développement de la sécurité sociale bénéficiait d'un ensemble de ciconstances démographiques, économiques et idéologiques relativement avantageuses. Il en est ainsi à tel point, que la crise actuelle ne sérait q'une étape normale d'adaptation, entrainé par une progression rapide et soutenue, si elle n'avait pas coïncidé avec une crise de société.(5)

Les luttes simultanées pour l'universalisation et pour l'harmonisation créent une situation pleine de tensions dans la sécurité sociale, parce qu'elles l'obligent à faire deux efforts paralleles: l'un, pour étendre au maximum son champ d'application; l'autre, pour améliorer au maximum ses prestations.

Toutefois, les coordonnés qui dterminent la position et les perspectives de l'objet de notre étude sont vraiment définies, à mon avis, par l'action conjugué et convergente des deux séries de variables dont il vient d'être question: les transformations de l'environnement socio-économique global, d'une part, et le poids de la sécurité sociale comme facteur de changement - sans oublier son rôle de moteur, ni sa marge de liberté créatrice -, de l'autre.
Les conclusions qu'on peut en tirer me semblent évidentes.
En premier lieu, les structures de la sécurité sociale ne sont aucunement intangibles et ne peuvent point s'exempter d'une réforme en profondeur. Mais cette réforme présuppose un examen attentif de l'ensemble des aspects sociaux, économiques et culturels du problème.
En second lieu, la réforme doit assurer la *non régression* comme objectif prioritaire. Car la consolidation et l'amélioration de la protection sociale actuelle ne font

q'un avec la détermination d'affronter les difficultés économiques par le seul moyen possible: rendre plus rentables - économiquement et socialement - les ressources, considérables mais toujours limitées, que la société consacre à la défense de ses membres contre certains risques, contre certains états de besoin.
Dans cette perspective, il faut se prémunir en particulier contre ceci: même lorsqu'on la tient pour modérée, toute politique de stabilisation peut facilement se confondre avec la nécessité d'imposer une 'pause sociale','si elle n'est pas associée à un effort d'imagination en vue de mieux rencontrer, avec les moyens disponibles, les besoins sociaux de protection'.(6)

D'ailleurs, devant la crise économique, l'objectif de la *non régression* est devenu - comme le Conseil de l'Europe l'a recemment proclamé - une aspiration généralisée. Nul doute que 'en matière de sécurité sociale, le temps de la constitution exaltée est dejà révolu'. Mais il est également vrai que la politique économique serait la première à partir du démantelent de la sécurité sociale. Avec l'involution de la société qu'il entraînerait, ce démentelement provoquerait très vite - affirme le Conseil de l'Europe - *une multiplication des difficultés qui touchent directement à l'équilibre et au développement économiques mêmes*.

Après avoir dénoncé les attaques déclénchées au cours des dernières années contre certains principes essentiels de la sécurité sociale, l'Aiss a signalé, de son coté, la nécessité d'éviter que, sous prétexte *d'apporter des remèdes temporaires a des difficultés èconomiques momentannées ou persistantes, on aille, par ètroitesse de vues et de jugement, jusqu'à miner les fondements* d'*une institution qui, pendant de nombreuses dècennies, a contribuè à maintenir la paix sociale*.

En partant des idées précédentes et en m'appuyant sur les temoignages, si autorisés, que je viens d'invoquer, je vais vous proposer ensuite, telles que je les vois, les lignes directrices qui devraient régir une action de réforme bien méditée et cohérente. Ma proposition est dépourvue d'originalité. Et avant de vous la soumettre, je dois avouer que, en la formulant, je n'essaie que de vous présenter, en forme ordonnée et systématique, une synthèse sommaire du riche patrimoine de recherches, d'études et d'expériences, qui s'est accumulé grâce non seulement à l'immense travail accompli par les organismes

internationaux spécialisés, mais grâce aussi au dévouement fécond et exemplaire de bon nombre d'experts prestigieux que je tiens pour mes maîtres, et dont beaucoup se trouvent aujourd'hui parmi nous.
Après cette déclaration, que j'estimais nécessaire, voici maintenant les lignes directrices que je propose a votre considération:

a. Tout d'abord - et ceci a la valeur d'un véritable *prius* inspirateur de la réforme - il faut faire un effort systématique de rigueur et d'imagination pour arriver à un stade de *rationalisation institutionelle, technique, administrative et financière.* Cette rationalisation doit être entendue en termes généraux, comme une instauration de liens logiques entre les fins et les moyens. Mais cel suppose, comme le professeur Perrin l'a souligné avec sa pénétration habituel. 'la rationalisation implique, beaucoup plus qu'une entreprise utilitaire pour moderniser l'organisation et la gestion, une réflexion préable sur les finalités, les fonctions, les techniques de protection et les méthodes de financement de la sécurité sociale, dans la perspective générale de la politique sociale. Il s'agit bien d'une tâche prioritaire qui convient à une epoque critique, si l'on veut mettre à profit la pause que les circonstances rendent nécessaire pour adapter la sécurité sociale, á court et à moyen terme, à une société en mutation dont la crise, profonde et multiforme, annonce peut-être le passage à un nouveau type de société'.(7)
Par conséquent, la rationalisation doit bannir de la réforme tout agencement empirique comme ceux qui ont été tant de fois les responsables, non seulement des contradictions et de 'l'évolution tourmentée' des systèmes de sécurité sociale, mais aussi du manque relatif de rendement des énormes ressources qu'ils mobilisent.
De cette manière, chaque pas fait vers la rationalisation portera en soi une expansion réelle des droits à la sécurité sociale. Il séra en plus la meilleure garantie de l'efficacité des différents régimes, et ouvrira la voie pour rénover la politique suivie à l'égard de la sécurité sociale.

b. *Amélioration et transparence des systèmes d'analyse et d' information.*
De la même façon que dans n'importe quel autre domaine de l'activité publique, les instruments de connaissance font partie de l'appareillage nécessaire à la politique concernant la sécurité sociale. Cependant et malgré les progrès faits au cours des dernières années, ce qu'on

peut appeler le système d'information et de connaissance touchant à nos systèmes de sécurité sociale (ou plus exactement, à l'ensemble de l'action sociale, comme il a été dejà signalé) présente encore des limitations et des insuffisances quantitatives et qualitatives très considérables. Le résultat en est que *l'opasité* continue à régner presque partout. Lorsqu'on éssaie de savoir ce qui se passe dans la sécurité sociale, on trouve plus de lacunese et de vides que de la terre ferme; ou est presque toujours voué à 'l'impressionnisme', à la généralisation abusive ou à l'improvisation, parce que le système de connaissance permet à peine la connaissance du système. Et cela est particulièrement grave dans les sociétés démocratiques développées, où la connaissance est le préable de toute action, de toute transformation, où la participation est devenue l'un des buts primordiaux.
Il n'y a donc aucun doute qu'il faut approfondir la connaissance des systèmes de sécurité sociale par la recherche socio-scientifique et par l'application intensive de l'analyse sociale, qui constituent en outre les armes les plus efficaces pour lutter contre la pression exercée par certains groupes idéologiques et certains groupes d'intérets.
En même temps, on doit rejeter les estimations empiriques et les appréciations intuitives. Comme objectifs, la connaissance, l'information et la transparence sont aussi inséparables du processus de rationalisation de la sécurité sociale que de la logique propre à une société qui se veut scientifique. Pour les partenaires sociaux et pour les citoyens en général, il s'agit de dépasser les jugements subjectifs. Il faut définir objectivement les faits qui comptent, établir des criteres adéquats pour les apprécier et mettre au point les instruments de mesure nécessaires. L'evolution vers ces procédés scientifiques sera facilitée - en partie, au moins - par les progrès que les sciences sociales ont fait au cours des dernieres décennies.
A titre d'exemples de ces progrès, on peut citer, entre outres, l'instauration et le développement des statistiques et des comptes sociales, la mise au point d'indicateurs sociaux, la préparation de budgets sociaux, ou les recherches de modélisation sociale. Tous ces instruments trouvent dans la sécurité sociale un champ d'application privilégié. Mais leur application demande, bien entendu, un effort aussi continu qu'intense, à court et à moyen terme. Car, en face des lacunes de l'information, de les insuffisances de l'explication, et de l'étendu et l'hétérogénité du domaine qu'il s'agit d'aborder, font qu'ils

sont encore, tout au moins pour les plus 'sophistiqués' d'entre eux, assez larqement embrvonnaire.
Le rôle et les répercussions des systèmes développés de sécurité sociale doiven être envisagés sous tous leurs aspects: adaptation à la dynamique des besoins, lutte contre la pauvreté persistante, adjustement à l'augmentation des charges, définition de critères socio-économiques pour fixer le niveau optimal du budget social par rapport aux agrégats qui répresentent le revenu national. Mais chacun de ces aspects exige un travail permanent et rigoureux d'approfondissement et d'épurement de l'analyse, pour clarifier les relations entre la sécurité sociale et l'économie, pour démythifier la notion des limites de la croissance des prestations sociales, et pour poursuivre l'intégration du secteur économique et du secteur social dans la planification.
Une habitude tres nuisible sérait ainsi éliminée: celle de ne retenir que le coût et les charges de la sécurité sociale, lorsqu'on l'étudie en termes économique, tandis qu'on garde systématiquement le silence sur ses effets bénéfiques. En même temps, on pourrait avoir une connaissance exacte, aussi bien du poids et de l'importance de la sécurité sociale dans l'ensemble de l'activité économique, que du rendement et du 'résultat final' de ses programmes, par rapport à leur coût financier et social, au lieu d'avoir tout simplement le montant des dépenses publiques qu'elle occasionne.

c. *Implantation d'une véritable participation sociale à la gestion.*

Pour traiter, même sommairement, d'une question si complexe, si chargée de connotations idéologiques et politiques, on est obligé de se référer aux principales données qui conditionnent aujourd'hui son examen.
D'abord, un fait bien connu: dans la plupart des systèmes de sécurité sociale, les structures administratives et l'organisation de la gestion sont très embrouillées, très bureaucratisées, et fonctionnent selon des règles extrêmement compliquées. A tel point, que même les experts en sécurité sociale ont souvent des difficultés pour comprendre la machinerie du système; et à plus forte raison, les simples particulièrs. C'est pourquoi, depuis quelque temps, on insiste à tous les niveaux sur la nécessité de faire un effort de longue haleine pour rationaliser et simplifier, pour assouplir et humaniser, les mécanismes et les procédures de la sécurité sociale; pour les rapprocher, en un mot, à ses destinataires.(8)
Ensuite, une circonstance historique, propre surtout aux

pays de l'Europe occidentale: l'incorporation des travailleurs aux organes directeurs des institutions de gestion, due au développement des régimes de protection à base professionnelle, est l'une des raisons pour lesquelles la sécurité sociale apparait très nettement comme une conquête ouvrière et comme l'accomplissement d'un voeu démocratique. Car cette incorporation est considérée comme une façon de concrétiser, par l'entremise d'une institution sociale, l'idée selon laquelle la sécurité ne suffit pas pour garantir la dignité personnelle et collective des travailleurs, si leurs répresentents n'ont pas, en outre, accés aux responsabilités: du moins, en l'occurrence, à une partie du pouvoir de décision exercé par les organes de gestion.(9) C'est là une revendication que le mouvement ouvrier a toujours défendu avec obstination, et qui se rapporte maintenant aux expériences de la cogestion, ainsi qu'aux aspirations autogestionnaires.
Finalement, une autre incorporation parallele: celle des répresentents des employeurs aux organes de gestion, en vertu du principe de la répresentation paritaire.
Mais, avec la tendance à l'universalisation des droits et à l'harmonisation des prestationes qu'il a imposé, le développement des systèmes avancés de sécurité sociale a introduit dans cette conception des choses - si fortement enracinée encore - de nouveaux éléments et de nouvelles perspectives. Il ne séra pas inutile de rappeler, à ce sujet, l'opinion manifestée, à l'occasion du 50ème. anniversaire de l'AISS, par son Secrétaire Général, lorsqu'il analysait les différents points de la déclaration fondationnelle de l'organisation pour les conffronter avec la situation actuelle. Car, à propos du dernier de ces points, 'l'administration de l'assurance sociale obligatoire devrait être confiée aux organismes autonomes pratiquant la gestion par les intéressés', il affirmait:

> 'En ce qui concerne le dernier point, savoir l'importance de l'autogestion des mesures de sécurité sociale, le vent du changement a soufflé et modifié la situation au fil des ans. Il est hors de doute que l'importance économique croissante des institutions de sécurité sociale dans l'organisation économique de l'Etat a rendu l'application de ce principe de plus en plus difficile, de sorte que, à l'heure actuelle, l'autogestion ne représente qu'une forme minoritaire dans le monde de la sécurité sociale. Le fait que l'on insiste actuellement sur l'humanisation' de la sécurité sociale et sur l'adaptation des mesures administratives aux besoins du bénéficiaire est manifestement une tendance

compensatoire dans ce développement. Mais si l'évolution des administrations de la sécurité sociale au cours des cinquante dernières annés n'a pas exaucé le voeu des fondateurs de l'Association, cela ne signifie pas qu'ils ont eu nécessairement tort dans la formulation de leurs objectifs. Quelle que soit la forme de l'administration de la sécurité sociale, elle ne peut avoir d'autre objectif que d'offrir à l'homme une protection contre les risques de l'existence, non seulement en lui accordant une certaine somme d'argent à certaines époques, mais aussi et surtout, en lui donnant conscience d'appartenir à une société qui se soucie de lui et lui vient en aide en cas de besoin. La satisfaction de cette dernière exigence met plus que jamais les administrations de la sécurité sociale d'aujourd'hui au pied et le succès de nos efforts dépendra bien souvent du degré d'efficalité que nous pouvons déployer en répondant aux besoins individuels du bénéficiaire'.(10)

Par-dessus toute autre considération, l'exigence de solidairité humaine, qui est l'essence même de la sécurité sociale, répresente une valeur permanente et nous fait entrer directement dans le domaine de la décision politique. De nos jours, cette solidarité est communément désignée par le terme 'participation'. Cependant, pour certains, la participation est un état d'équilibre que le système économique et social en vigueur doit atteindre; alors que, pour d'autres, pour ceux qui parlent plutôt de lutte pour le contrôle, de democratie économique ou d'autogestion, elle n'est qu'une étape vers la transformation radicale du système.

Quoi qu'il en soit, celle de la participation est une question qui mobilise, qui intéresse l'opinion publique, et qui sous-tend toutes les tentatives qu'on fait pour structurer le capitalisme social. La raison en est simple. C'est un phenomène que les dirigeants politiques et syndicaux connaissent bien. Une population dont le niveau d'éducation s'est élevé n'accepte plus que tant de décisions qui la concernent soient adoptées sans son intervention. Elle éprouve une animosité de plus en plus grande à l'égard de la bureaucratie, en même temps qu'un désir grandissant de trouver, pour exprimer ses interêts et ses préocupations, des voies nouvelles, plus variées et plus larges que celles qui lui sont offertes par les moyens politiques traditionnels.

En conséquence, les systèmes avancés de sécurité sociale ne peuvent pas se soustraire à l'obligation de transformer leurs appareils de gestion en vrais centres de participation sociale, où la riche pluralité des sociétés

développées doit pouvoir se manifester par la présence active de ses différentes expressions: syndicats, organisations patronales et professionnelles, colectivités régionales, institutions du 'troisième secteur', etc. En même temps, il faut attribuer à ces centres des fonctions et des compétences concretes en matière d'administration et de contrôle, aussi bien pour éliminer les entraves et la rigidité bureaucratiques, que pour rendre possible la centralisation des objectifs et la décentralisation des responsabilités. Ils seront ainsi en mesure de contribuer à élargir la solidarité, à humaniser la vie sociale en diffusant les valeurs collectives, et à créer, en somme, de nouvelles modalités d'intégration et de démocratie sociale.
Basée sur la diversité et la décentralisation, implantée de bas en haut à tous les échelons de la gestion où les décisions sont adoptées, cette forme de participation doit s'insérer du reste dans un réseau coordonné avec les instances supérieures du gouvernement, ainsi qu'avec les organismes consultatifs et planificateurs pour la politique sociale.
Simultanément, l'amélioration des systèmes d'information et de connaissance dont il a dejà été question, doit être amorcée; surtout, en ce qui concerne l'obtention et l'analyse des donnés provenant de l'Etat, des institutions régionales ou locales, et des organisations qui administrent des fonds publics. De cette façon, il sera possible d'harmoniser convenablement la décentralisation et le contrôle par le pouvoir législatif.

d. *Révision radicale du modèle de financement en vigueur.*
Voici, sans nul doute, le point central et le plus controversé de la réforme de la sécurité sociale. En effet, il est bien connu que pendant les sept dernières années la sécurité sociale a été presque entièrement dominée par la problématique financière. D'ailleurs, jamais une inquiétude aussi intense et généralisée n'avait été suscitée par les insuffisances des méthodes traditionnellement utilisées pour financer la sécurité sociale.
C'est dans ce contexte-là que tout examen des problèmes posés par le financement de la sécurité sociale s'encadre aujourd'hui.
Mais, en tout état de cause, cet examen doit s'appuyer sur une idée bien précise: comme beaucoup d'experts prestigieux l'ont dejà signalé(11), les difficultés qu'on rencontre à l'heure actuelle peuvent être réduites et jusqu'à suprimées par une réforme du système de financement qui soit à la mesure des objectifs de la sécurité sociale.

En fait, dans tous les milieux responsables on pense que la sécurité sociale réclame d'urgence et de facon prioritaire une nouvelle doctrine financière qui tienne compte, non seulement des avances du système et de ses perspectives d'extension ou d'amélioration, mais aussi de l'expérience qui a résulté de l'universalisation des droits à la protection. Car, comme le professeur Perrin l'a souligné, dans la phase d'adaptation où la sécurité sociale se trouve à présent, la rationalisation financière 'apparaît comme le passage obligé entre la solution de facilité, qui consiste à augmenter les ressources à la mesure des dépenses, et la solution d'austerité, qui tend au contraire à reduire les dépenses en fonction des ressources. Si la première n'est guère praticable dans les circonstances présentes, la seconde ne devrait logiquement intervenir qu'en dernier recours, après une tentative sérieuse de remise en ordre propre à sauvegarder les acquisitions irréductibles du progrès social'.(12)
L'élaboration d'une nouvelle doctrine financière, fondée sur les prémisses techniques, sociales et économiques qui conditionnent l'adaptation des moyens à l'évolution des besoins de protection doit embrasser - comme l'a dit le professeur dejà cité (13) - ces trois points:

1°. *L'appropriation sélective des ressources.* Elle clarifiérait un domaine dans lequel le développement des systèmes a justifié très frequemment l'elevation interrompue des cotisations, surtout de celles qui sont à la charge des employeurs, et l'adoption de mesures improvisées ou circonstantielles, au détriment de l'effort de recherche et d'innovation.
Sur la base des études nécessaires motiver les choix concrets dans chaque cadre national, l'appropriation sélective pourrait agir, à l'égard des differents secteurs fonctionnels de la sécurité sociale, de la manière suivante: réserver la plupart des fonds publics pour le secteur protection de la santé et pour le secteur rente sociale de compensation (rente minimale), ainsi que pour le secteur rééducation professionnelle et promotion sociale. En revanche, le secteur rente sociale de substitution continuerait être soutenu par les cotisations professionnelles.

2°. *La distribution équitable des charges.* La rationalisation financière, qui répond également à un souci d'équité, implique la nécessité de distribuer les charges entre les parties intéressées conformément à une certaine rationalité sociale.
L'application de ce principe permet de préciser le point précédent. Chacun des secteurs fonctionnels

de la sécurité sociale pourrait se financer comme suit: D'une part, le financement du secteur de protection de la santé ferait normalement appel aux subventions de l'Etat et des collectivités locales, utiliment complétées par le produit de taxes sur l'alcool, et le tabac, les véhicules à moteur et les activités génératrices de pollution dommageable à la santé publique, ainsi qu'à des cotisations personnelles ou même à une contribution additionnelle à l'impôt sur le revenu. destinée à engager la responsabilité solidaire des personnes protégées face au risque de maladie.
D'autre part, le secteur de revenu social de compensation pourrait être alimenté également par des subventions de l'Etat et des collectivités locales, le produit d'une taxe de solidarité sur les activités de loisirs et de jeux, avec attribution éventuelle d'une fraction du produit de la taxe sur la valeur ajoutée pour le financement des prestations familiales.
En troisième lieu, le secteur de l'adaptation professionnelle et de la promotion sociale devrait bénéficier de cotisations d'entreprise, ainsi que de subventions de l'Etat et des collectivités locales, afin d'associer la solidarité nationale et la responsabilité propre au milieu professionnel.
Enfin, le secteur du revenu social de substitution serait financé selon le modèle traditionnel, par les cotisations des personnes protégées et par les cotisations d'entreprise assises sur le revenu professionnel, mais de préférence calculées sans plafond, tout au moins pour ce dernières cotisations. En ci que concerne les travailleurs salariés, les cotisations personnelles pourraient être limitées aux branches de pensions et, en tout cas, elles ne devraient pas être recouvrées pour le financement de la réparation des lésions professionnelles, s'il s'agit de risques à l'égard desquels une protection administrative et financière distincte est organisée.

3o. *Liaison optimale des modalités de financement aux objectifs de la politique économique*. Enfin, toute réflexion sur la rationalisation financière des systèmes de sécurité sociale ne peut manquer de s'intéresser à leurs incidences économiques, afin de déceler les modalités de financement les moins défavorables au fonctionnement optimal de l'économie.
Cette liaison serait améliorée par une intervention accrue des fonds publics et des contributions personnelles, éventuellement même peogresives dans le secteur de protection de la santé. Les cotisations d'entre-

prise pourraient en être réduites d'autant, compte tenu surtout de leur remplacement partiel par une fraction du produit de la taxe sur la valeur ajoutée. Etant donné les transferts de charges, même socialement équitables et économiquement favorables, qu'une telle réforme impliquerait, elle suppose bien évidemment une concertation approffondie avec les organisations représentatives des travailleurs, des autres catégories de personnes protégées et des employeurs.
En définitive, 'il importe surtout de prendre conscience du fait que la rationalisation financière commande désormais le développement de la sécurité sociale, à savoir sa capacité de faire face à la croissance de ses charges et aussi de satisfaire de manière plus juste et plus efficace aux besoins renouvesés qui la sollicitent, notamment dans l'ordre de la réduction des inégalités sociales et de l'amélioration de la solidarité nationale'.(14) En tout cas, il devrait être admis que la rationalisation financière ne saurait porter préjudice aux fonctions essentielles de la sécurité sociale. Ainsi bien, une action tendant à règler et à établir la rationalisation financière, menée de concert à l'échelle internationale - surtout dans le cadre du Conseil de l'Europe -, pourrait sans doute aider beaucoup à éclaircir et à resoudre ces problèmes.

e. Le perfectionnement et progression des *fins propres et directs* de protection ou de bien-être sociaux, pour la réduction des inégalitées, l'extension des bénéfiées de la sécurité sociale à toute la population, la consolidation de la sécurité sociale et la protection et distribution de l'emploi.
En ce dernier point, qui est comme conclusion et synthèse de ces réflexions sur la réforme des structures de la sécurité sociale, il faut dire que les buts de la sécurité sociale, au seuil de son 'troisième âge', se confondent de plus en plus avec les objectifs plus larges d'un politique sociale orientée vers la justice, la création de chances égales pour tous et la participation grandissante aux valeurs collectives.
Le ferment fécond de ces objectifs se trouve d'ailleurs dans l'histoire et le devenir de la sécurité sociale. Parce qu'il est vrai qu'on peut 'd'envisager l'avenir de la sécurité sociale autrement que comme simple prolongement de son passé' (15); mais il est également vrai qu'une telle possibilité se fonde entièrement sur la capacité du système pour assimiler et stimuler à la fois le changement

social. Un changement qui doit être vu comme une 'succesion de différences dans le temps, au sein d'une identité persistante'.(16) Un changement qui, à la faveur de la crise, peut avoir pour conséquence qu'un nouveau *paradigme* se substitue à l'ancien modèle explicatif. Et cela, au cours d'un processus de *continuité fondamentale*,où 'l'on continue à travailler avec le même ensemble de données qu'auparavant, mais où - s'étant inserées dans un cadre différent - ces données s'integrent dans un nouveau système de rapports réciproques'. (17)
Dans ce processus, le passé apparaît comme un faisceau de possibilités pour le présent et pour l'avenir. Ces possibilités s'offrent à nous, soit comme un trésor, soit comme un fardeau, formés par tout ce qui a été pensé, ressenti ou fait,ainsi que par le creux provocant de tout ce qui n'a pas été pensé, ressenti ou fait, alors qu'on aurait pu - et c'est là l'essentiel - le penser, le ressentir ou le faire. Et il faut assumer ce que le passé nous a laissé de trésor, rejeter ce qu'il nous a transmis de fardeau, et tenter de combler ce qu'il en est resté de creux. Voilà, en bonne partie, à quoi consiste ce qu'on appele d'habitude 'le progrès'. (18)
En definitive, ces considérations n'ont pour but que de souligner ce que nous devons prendre à notre compte de l'attitude propre aux scientifiques et aux chercheurs: ni peur au changement ou à l'innovation, ni mépris arrogant des réussites et des expériences du passé. Ce n'est pas un bagage négligeable pour aborder la réforme de la sécurité sociale. Parce que - étant, comme elle l'est, une oeuvre humaine - on peut très bien lui appliquer les mêmes paroles que le philosophe espagnol Zubiri applique à l'homme: 'il est ce qu'il est, grâce à ses limitations, qui lui donnent à choisir ce qu'il peut être'.

NOTES

1. J.K.Galbraith, *The Conservative Onslought*. New York, Review of Books, 15 octobre 1980.
2. *Les défis sociaux des années 80*, dans 'L'Observateur de l'OCDE', no. 107, nov. 1980, p. 16.
3. E.van Lennep, Secretaire Général de l'OCDE, *De l'Etat protecteur à la société de bien être*, dans loc. cit., p.20.
4. Loc. cit. note (1), p. 16.
5. Guy Perrin, *Concidérations préables a la réforme de la sécurité sociale*. 'Annuaire EISS, 1978-1980, Partie II', p. 20.
6. Commission des CE, *Exposé sur l'évolution social. Année 1980*, p. 166.
7. G.Perrin, loc. cit., p. 20.
8. Secr. Gral. de l'AISS, *Développements et tendances de la sécurité sociale 1978-1980*. RISS, no. 3/4.
9. M.David, *La participation des travailleurs*, dans 'Sécurité sociale et conflicts de classes'. Ed. Economie et Humanisme, Paris 1962, p. 137.
10. Vladimir Ryss, *L'évolution de la sécurité sociale dans l'optique de deux anniversaires*. RISS, no. 1, 1977, p. 5.
11. Cf., nommément, Aiss, *Méthodes de financement de la Sécurité Sociale (Leurs effets économiques et sociaux)*, Génève, 1979. Consejo de Europa: (Conferencia de los Ministros responsables de la Seguridad Social), *Examen general de la financiación de la seguridad social en los Estados Miembros del Consejo de Europa*, en 'Rev. de Seguridad Social', no.1, Madrid 1979. Instituto de Estudios de Sanidad y Seguridad Social, *La financiación de la seguridad social (los modelos alternativos y su critica)*, Madrid, 1980. G. Perrin, *A propos du financement de la sécurité sociale*. RBSS, no. 10, oct. 1980, ps. 769 et s. Almudena Durán y Bernardo Gonzalo, *Alternativas para la reforma financiera de la seguridad social*, en Presupuesto y Gasto público', no. 7, Madrid 1980, ps. 57 y s.
12. G. Perrin, loc. cit. note (5), p. 19.
13. G. Perrin, *A propos*... cit., p. 770.
14. Idem., p. 789.
15. Commission des CE, *Exposé* cit., p. 167.
16. R. Nisbet, *El problema del cambio social*, en R.Nisbet y otros 'Cambio Social'. Alianza Universidad. Madrid, 1979, p. 12.
17. T.S.Kuhn, *The Structure of Scientific Revolutions*, Chicago, 1962, ps. 50 et s.
18. Pedro Lain Entralgo, *Una idea feliz*, dans 'Gaceta Ilustrada', no. 1.300, pag. 4.

Prof. Dr. G.M.J. Veldkamp

Social security and the economic crisis

INTRODUCTION

Since the second World War the western world has witnessed an enormous growth of social security. A similar trend has been observed in a number of eastern European countries, although the level of social security in the latter is still fairly limited.
Although I must confine myself in the context of this colloquium to examining problems associated with social security in western Europe, I should like to stress that the problem of social security in the whole of the industrialized world on the one hand and in the developing countries on the other is a matter that requires our attention on both the political and academic levels.
The most salient feature of this prodigious expansion of social security since the Second World War is the trend towards generalization of protection, which has been significantly extended to include the self-employed and in a number of countries the whole population. In addition, we have witnesses a generalization where coverage of risks is concerned. This trend, coupled with a series of bilateral, multilateral and international arrangements with regard to minimum standards of social security and in particular to the protection of migrant workers, has led to a situation where social security is being increasingly recognized as a basic human right. Indeed, social security was expressly recognized as such in the Universal Declaration of Human Rights adopted by the United Nations General Assembly in 1948. Since then, this right has been enshrined in one way or another in the constitutions of a number of States.
As a result of the generalization of social security as such and the ensuing recognition of the right to social security as a human right we can state, albeit in very general terms, that the various social security systems in Western Europe have tended to evolve into a public system of social security geared to implementing what is now generally recognized to be a government responsibility.
This being so, we can draw three initial conclusions:

a. social security has become a *structural component* of our post-war society to the extent that we generally refer to it as a *welfare state*.

b. social security should no longer be regarded as an aggregate of a large number of (frequently insurance-oriented) benefits but as a *unified whole*;
c. social security should, from the economic, social and legal points of view, always be seen as an *integral part of the public sector* which is closely linked to other activities and institutions in this sector.

It is interesting in the context of the topical problems we have been discussing to examine the development and the composition of public expenditure.
We can make a distinction between direct spending by the public sector (wages and salaries, consumption of goods and services, investment) on the one hand and transfer payments (social security payments, interest, subsidies, capital transfers) on the other. Both (the direct spending by the public sector and the transfer payments) show a very strong development and have reached a very high level. The table below shows the extent and composition of public expenditure in a number of OECD countries.
Generally speaking, it can be said that in the western countries expenditure on social security has risen much more steeply than the gross national product, at any rate if we take the period from 1960 to 1975.
In the Scandinavian countries and the Netherlands as well, for example, the proportion of GNP spent on social security more than doubled over this period.
As the Director-General of the ILO, Mr Francis Blanchard, has recently pointed out:'in a period of economic expansion of the kind the industrialized world was experiencing on the whole untill 1973 an increase in the social security budget was, if not easy to achieve, at least difficult to prevent'. (Social security at the crossroads, the Internat. Labour Review Vol. 119 nr. 2). In other words, policy makers have quite rightly tended to take advantage of the steady economic growth and full employment of this period to overhaul the social security system in the light of demands for social justice. This said, it should be noted that, to quote Blanchard, 'the introduction of comprehensive, diversified and relatively generous benefits is paving the way for the emergence of new needs and a generalized desire among the population to obtain even more'.
Considerable economic possibilities on the one hand and a confidence in the future rooted in Keynesian thinking on the other (which virtually excluded serious consideration of the prospect of a grave economic crisis and where social security itself was seen as a built-in stabilizer) formed

Table 1. Public expenditure as a proportion of national income in 1977

	Nether* lands	Sweden	Italy	W.Germany	France	United Kingdom	United States	Japan
Consumpsions of goods and services	20.2	32.2	15.5	22.6	16.7	23.3	20.8	11.4
Investment	3.1	3.7	3.7	2.9	2.3	2.5	0.3	5.9
Total	23.3	35.9	19.2	25.5	19.0	25.8	21.1	17.3
Social security	27.8	21.2	22.1	18.1	24.2	12.7	12.4	10.4
Other transfers	9.5	9.5	10.4	5.8	5.1	9.9	3.6	4.3
Total transfers	37.3	30.7	32.5	23.9	29.3	22.6	16.0	14.7
Total public expenditure	60.6	66.6	51.7	49.4	48.3	48.8	37.1	32.0

The OECD figures deviate slightly from earlier figures which are based on the most recent national accounts. However, this is of no significance where comparison between the various countries is concerned.

Source: National Accounts of OECD countries. The catagory 'social security' includes the OECD categories 'social security', 'Social assistance grants' and 'unfunded employee welfare benefits'.
For instance, in my own country expenditure on social security in 1981 will account for about one-third of the national income; other public spending has also amounted to about one-third of the national income so that the total public expenditure pre-empted about 67% of the national income and this upward trend is continuing.

the actual and theoretical economic background to the construction in the sixties and early seventies of what one might term a 'mature system of social security'.
An analysis of the growing cost of social security in some countries might have given rise as early as the sixties and seventies to serious doubts about the justification for a rise in some of the component costs, such as certain methods of guaranteeing minimum social benefits, certain indexation systems, the extent to which the impact of demographic factors was taken into account and the development of technology, to name but a few.
However, this was no cause for concern as long as a booming economy, rising productivity and the resultant growth of GNP made it possible to absorb the growing cost of social security. The development of social security was regarded as the price that the welfare state had to pay for its continued existence.

2. THE SUDDEN EVENT OF THE ECONOMIC CRISES

The situation was exacerbated with the event of the recent economic crisis which manifested itself at various levels. Firstly, we had to contend with the oil crisis, which was to alter the national economies in such a way that, as former Dutch Prime Minister Joop den Uyl put it at the time, society could never be the same again. However, the fundamental technological changes that have occured over the last ten years, the implications of which were not recognized early enough, have perhaps affected the nature of the economic crisis to an even greater degree.
These major changes have resulted in a substantial shedding of labour and there would appear to be no prospect of an end to this process.
In this situation in which economic growth has slowed down, if not ground to a halt, social security expenditure continues to rise. Voices are being raised to alert governments to the dangers of persuing the same social policy without taking the changed economic situation into account. Some governments have altered their social policy to a limited extent while others have taken more radical steps. However, it has not been possible up to now to provide a unanimous and satisfactory answer to the question as to what changes can be reasonably to the social security system with due consideration being given above all to the legal, social and economic aspects of the problem. A solution has not emerged in the context of social and economic policy in general or from the point of view of

social security itself. In fact, where the latter is concerned the opposite has been the case. The crisis has triggered off a rise in the cost of social security with a certain amount of unemployment being disguised as incapacity for work.
This has prompted often unjustified criticsm of the western European social security systems. Insufficient distinction is made between fundamental shortcomings of the economic system on the one hand and the inherent defects of the social security system as such on the other.
After all. *the social security system with all its faults was not responsible for the economic crisis*, even though it may have contributed to some of the adverse effects. We cannot draw reliable conclusions if we fail to make this clear distinction. This also applies, as Blanchard points out, to the question as to 'whether it is reasonable to think in terms of an upper limit on the proportion of the gross national product allotted to social security and whether the industrialized societies have not already reached saturation point as regards social security expenditure. These two closely linked questions, which may seem at first glance to be purely academic, are prompted by a genuine concern on the part of politicians who, apparently powerless to control the recession, inflation and the international monetary system, find themselves obliged to put a breake on increases in primary incomes, social insurance incomes and social security expenditure in general'. Blanchard feels that we can draw three conclusions from the current discussion of the question as to whether we can impose an upper limit on the proportion of CNP allotted to social security:
The first is that social security benefits enjoy a privileged status within the context of public spending. Such benefits, far from being regarded as an item of expenditure and resented as a burden, are looked upon as a deliberate allocation of funds which the community regards as something worthwhile and reassuring.
The second conclusion is that each country, as a result of the interplay of economic and social forces and to the extend allowed by the resources placed at its disposal through the efforts of all its citizens, adopts a level of expenditure which differs of course from one country to another, but which corresponds to what is widely agreed at any particular moment to constitute the minimum standard of social protection.
The third conclusion is that, in view of the necessity of maintaining acquired social advantages when economic conditions are unfavourable, it is of vital importance

to aim at geater efficiency in social security budgeting through a rationalization of the choices, structures, means and services to be provided in the light of priority needs.
I have already indicated that as social security was not responsible for the economic crisis, but in many respects displays features which make it more difficult to resolve the crisis, a clear distinction should be made between the factors that triggered off the crisis and suitable measures designed to remedy the situation, on the one hand, and those elements of the social security system which impede a return to a sound economy and measures designed to limit or indeed cancel out their effect, on the other. We should be aiming at a better balance between the growth of expenditure on social security and the growth of GNP. While the nature of this balance varies from one country to another their is a certain 'universality', as Bernd Schulte puts it, given that the advanced industrialized countries display similar demographic, social and economic developments.
A growth of social security spending at a faster rate than GNP on one hand is not in accordance with a policy to overcome the current economic crisis. On the other hand this crisis cannot be overcome exclusively or principally via measures in the field of social security. The reports of Richard Drapperie, Mrs. Duran and Antonio Chozas were very clear about this.
If we survey the current social security problems in the context of the economic crisis we are struck by a major paradox. On the one hand, we see the huge claim that certain sectors of social security place on total expenditure on this item and on the other hand we are bound to note that the western world has not yet resolved the problem of poverty, nor has it produced a satisfactory policy that would afford among other things a guaranteed minimum of social protection. Both these issues have been discussed at this colloquium. With regard to expenditure on social security, Leo Crijns notes that 'for the EEG as a whole about 40% of this expenditure relates to *old age pensions*, 40% to *health* (i.e. occupational invalidity, compensation and diseases), 5-10% to *unemployment benefits* and about 10% to family benefits (this figure varies considerably from one Member State to another)'. Particular attention has been devoted to the problem of *pensions*, the cost of expenditure on *health care, unemployment and a guaranteed social minimum*. The problem is outlined against the background of current economic difficulties which are high-

lighted in the reports by Richard Drapperie, Mrs. Duran and Antonio Chozas.

3. THE ECONOMIC CLIMATE OF THE 1980s

Draperie points to three key trends in the 1980s:
a. a slow down in economic growth;
b. an acceleration of structural changes;
c. greater world economic interdependence.

Each of these trend raises a specific problem or, to use a fashionable word, challenge. Draperie points out that:

- a slow-down in economic growth raises the question of the ability of governments to handle this new situation;
- the acceleration of structural changes calls into question the scope for adapting advanced industrial societies and economies that have reached a certain stage of maturity;

4. PENSIONS

As Bernd Schulte has noted: 'economic fluctuations affect social security revenue and expenditure in different ways. The revenue brought in by general taxation or by contributions depends on the incomes of the taxpayers or the insured, whereas expenditure depends on a variety of factors such as the demographic situation the rise in prices etc.'. The problem of providing social security for the aged which has continually grown since the end of the Second World War is a particularly serious one because of the size of expenditure on social benefits for this segments of the population. Expenditure for social security benefits for the elderly is, in competition with expenditure for health - and will be in future - the largest item in most national social budgets. At the same time, the slow-down in population marked by a lower birth-rate and a decline in mortality as well as in labour force growth and economic growth on the one hand and the continuing expansion of benefits and changing retirement patterns on the other have led to increasing pressures in many countries to re-examine the assumptions underlying the pension schemes which are in force. Therefore ageing problably represents the major social challenge to social security for the remainder of this century, because vast resources have to be directed towards the support of the elderly. In this connection Schulte properly points out that many

of the traditional forms of protection for the aged have been eroding. The nuclearization of the family, social mobility, urbanization, changed life-styles and other factors lead to isolation among old people who cannot look to their descendants to provide security (in the widest sense of the word).
In my opinion, this marginal comment which Schulte makes in relation to pension problems, is of the greatest possible importance because it directs attention towards a series of problems which have not been sufficiently examined and are not accorded their proper role as regards policy i.e. the dehumanization process, which in an accompanying phenomenon of modern social security and requires a conscious policy of increased humanization of social security, a point to which I shall return at the end of my report. When Schulte points out that in western Europe the role of the public pension schemes can generally be characterized as to provide protection against the 'social risk of old age', i.e. the absence of primary income on account of presumed incapacity for work arising from old age, he is also pointing out that old people, who do not constitute a homogeneous group, are concerned with more than loss of income and that many old people find themselves without any important role in society. Any new humanization policy should be aimed at remedying this situation. The social situation of old people and the ends and means of policy are determined interdependently. In Schulte's view this interdependence must be taken into account when discussing the social challenge of ageing, the financing of pension schemes, the relationship between social welfare and occupational welfare, the role of social services for the elderly, non-discrimination and flexible retirement age. It is precisely these elements, which in themselves lead to further increases in the burdens-often in connection with humanization-which need to be realised in a period of economic crisis which in Schulte's view 'must not prevent us from considering improvements in existing pension schemes, since the present economic crisis reveals both the basic need for social security and the various defects in existing pension schemes'. Schulte's final conclusion is that, pension policies must be seen in their wider economic and societal context and that the current debate on the limits of growth to the volume of social budgets may not lead to the impression, that there is not any longer room for reform.

5. THE COST OF HEALTH CARE

As Crijns has pointed out, expenditure for the function 'health accounts for 40% of total expenditure on social security. Concerned here is sickness benefits and accident benefits (including occupational disease and industrial accident benefits on the one hand and the cost of health care on the other). Expenditure under the function 'health' does not only account for merely 40% of total expenditure on social security but is also responsible to a great extent for the fact that social security expenditure is increasing more rapidly than the GNP, Crijns has restricted his examination of the problem to the cost of health care and his clear exposé provides self-explanatory data as regards these costs.
However, this trend also applies to the other important part of expenditure under the function 'health', i.e. expenditure in the case of (particularly long-term) incapacity for work. In some countries, such as the Netherlands, this trend has become disturbing. Recent international studies (particularly by Halberstadt and Haveman), have shown that this is one question to which considerable attention should be devoted, with a view to reducing the volume of social security to more reasonable proportions. At the colloquium attention was righly drawn to the fact that this subject should have been given considerable space in the framework of our study and in my view it is also necessary to devote special attention to the subject at our congress in the Hague in 1982. At the same time this does not mean that increases in the cost of health care are not disturbing in themselves. On their own these costs, as Crijns has pointed out, make up about 25% of total expenditure on social security. At the same time it should be pointed out that the most significant increase took place in the years 1970-1975, i.e. 20.9% for the Community as a whole, with a variation of between 16 and 24% in the various countries. Although the percentage increases-particularly in those countries where the increased had been greatest-is tending to fall, there is still a considerable annual increase in costs, at all events an increase which is considerable greater than the GNPgrowth. Of the three major categories of health care, the cost of hospital treatment is highest at 50 to 55% compared with the cost of out-patient care which is running at 25 to 30% and the cost of medical aids and pharmaceutical products which stands at 10 to 20%. The costs of hospital treatment have also increased most and are still increasing although the percentage increase is falling.

Crijns rightly asks whether this will be a permanent or a temporary feature and in addition points out that as a result of the economic crisis the income for health care is falling while expenditure continues to rise although at a slower rate.
As a consequence we are faced with the important question of how to solve the problem. In my opinion it is superfluous to remind you of Crijns' clear diagnosis of the situation since his listing of the relevant factors as regards supply and demand is exhaustive. But perhaps it would be appropriate to recall his remark at the end of what he calls his 'énumération sommaire des causes' i.e. that to round off this explanation of causes it should be added that in the view of many people the increase in the cost of health care has hardly been belanced by any substantial improvement in health. Although life expectancy has increased in general in our countries there has been a fall in average longevity, particularly among men. I should like to draw attention to the fact that this statement by Crijns is important in relation to my comments on the phenomenon of incapacity for work. It is precisely preventive and curative health care which should make a considerable contribution towards restricting the extent of incapacity for work. The therapeutic programme which Crijns presents for hospital care, out-patient care and the pharmaceutical sector seems to be practically exhaustive and certain of his recommendations can be supported by reference to positive experiences in several countries.
He rightly points out that when drawing up policy programmes designed to bring the increasing costs within reasonable limits, account should be taken of a number of important elements such as avoiding endangering health provisions in cases of real need; the effect on employment; long-term effects; the temporary character of some measures; the effect of the payment system (method of reimbursement) and above all the need for a change in attitude amongst all those involved. Given the seriousness of the matter and the task facing the authorities as regards social security to which I referred at the beginning, in the medium and long term the authorities will have to establish a clear programme for their health care policies. They will need to keep a close watch on the situation and, where necessary, supplement programmes in order to achieve the desired aim of their policy, they will have to devote considerable atention - as Crijns rightly concludes - to prevention, health education, health information, consultation and concertation with all those concerned. As Crijns pointed out also the European

Community can and should make an important contribution in this regard. His examples show this clearly. Time has come, that the Commission draws up a coherent programme in this field as soon as possible.

6. PROVISIONS TO DEAL WITH UNEMPLOYMENT

Joachim Volz has rightly drawn attention to the fact that the unemployment benefit systems, together with simular developments reveal a special relationship with economic development. At a time like this when unemployment is high, they are in the centre of discussion with emphasis more than in the past on economic policy rather than on social policy. As Volz points out in a period of rising unemployment and low economic growth the problem of managing the unemployment benefit systems, particularly from the financial point of view, is particularly acute.
Following on from this a new approach must be devellopped to the link between unemployment and employment policy in relation to the system. In addition, the economic consequences of the unemployment benefit systems must be examined and in particular their general economic consequences, their effect on the supply of and demand for labour and finally specific consequences as regards integration within the framework of international economic cooperation.
Volz analysis leads him to demand that the passive role of the benefit systems must be abandoned and they must be integrated into employment strategies in general. In this connection, the question of how far this might reduce current employment policy problems or even solve them in important.
Precisely because it is a question here of structural unemployment the deterioration in the 'trade-off' between the level of employment and the rate of inflation produces the question of what measures are appropriate for purposes of eliminating or at least restricting certain undesirable effects and links between unemployment benefit, the supply of jobs, wage levels and the rate of inflation.
Volz has pointed out that a specific employment policy involves four strategies:

- an increase in the demand for labour;
- redistribution of available work between a greater number of workers;
- adjustment measures, i.e. balancing of the supply and demand situation between jobs and job seekers;
- employment maintenance measures (Erhaltungsstrategieën).

Volz examines to determine whether measures based on these for strategies, improve the 'trade-off' already referred to, whether they can lead to the integration of problem groups into the labour market, whether the new jobs are attractive and whether incentives or compulsion can lead to the reintegration of unemployed persons into working life.
One important conclusion of Volz is that those particular measures which improve the immaterial aspects of jobs can lead to the desired results.
It must be stressed that attempts to introduce a more efficient labour market policy in western industrialized countries varies greatly. Volz has shown that the contribution made by the benefit systems in a number of these countries can vary considerably and that it is possible to create jobs which are attractive to workers and at the same time help solve major economic and ecological problems. Voltz rightly concludes that particularly in the western industrialized countries a call must be made for the establishment of a new concept for the unemployment benefit systems.

7. COMBATTING POVERTY-THE GUARANTEED SOCIAL MINIMUM-HUMANISATION

(1) As I have already pointed out, social security in the 1980's reveals a strange paradox, which corresponds to a certain extent to the paradox referred to by Crijns when he said that many people feel that the enormously high level of costs for health care are hardly compensated for by any substantial improvement in health. The paradox which I have in mind is - as I said already - that while expenditure on social security in a number of western countries has increased to a level of between one quarter and one third of GNP, like Laurent and Schulte have mentioned, *the basic problem of poverty* has not been solved even in those countries where expenditure is running at a high level. A recent study by the European Communities leaves no doubt whatsoever on this score, just as on the other hand there is no doubt that social security has brought about an important improvement in the affluence of wide areas of the population.
There are of couse aspects of poverty which cannot primarily be solved via social security, problems for instance in the areas of upbringing, education, culture and housing, but material poverty still exists, and this is an area which social policy cannot ignore. The question

arises of whether room can be found within the social security system, seeing that at the moment we are experiencing such a major economic crisis.
From the very start we can point to the fact that in the period following the Second World War there has been a certain coming together in western european countries between the Beveridge style and Bismarck style systems applying there, the main features of which Dupeyroux has analysed so cogently. The systems of the first type tend more towards providing minimum protection (flat rate benefits) for the whole population and those of the second type towards providing as high as possible a level of earning related benefits. In various countries at the present time, with the aim of achieving the best possible level of social protection, both the one system and the other are being applied.

(2) The European Community is examining the possibility of Community measures which must be adeqate to realise a guaranteed social minimum within the Community. With two exceptions this has not yet been achieved in the countries of the Community. The cost of achieving a guaranteed social minimum need not be high. However efforts must be made to ensure that the achievement of such a minimum does not produce an upward surge in costs for social security as a whole, as has for example been the case in the Netherlands.

(3) In this connection I should like to make one last remark concerning the humanisation of social security, since it is clearly related to the poverty question, and in my opinion has a basic place in any programme to combat poverty.
The humanization of social security relates to the place of th individual in social security. At the present time many people are calling for a reorganization of our social security system to make it more client-orientated. There are many factors involved, such as improved regional spread of the implementing bodies, improved general and individual information, improved legal protection during the treatment of applications. (right to a hearing, right of access to the files, protection of privacy etc,), improved client rights possibly via the introduction of an ombudsman and improved and simplified right of appeal. There is a trend in the legislation in various countries towards taking account of these points and just as equally important in this connection, there is a trend towards codifying the whole social security legislation as well. This is

the case in the Federal Republic of Germany, the Netherlands, Belgium and France. Most progress has been made in the FR Germany, particularly in connection with humanization. Finally, the European Communities, and the ILO as well, have begun to study this object in order to determine what can be done.

8. I am coming to the end of my synthesis report. Social security in our countries is going through a difficult period. We have already begun to examine many of the attendant problems in the course of our Colloquium. We shall examine them in greater detail at our Congress in the Hague with a view to helping contribute to the difficult decisions which policy makers at national, European and also international level will have to make.
In doing so we shall fulfill the task of the academic world in serving the development of policy. This task has gradually become the main characteristic of the work of the European Institute and I hope that we shall continue to follow and foster this tradition.

GPSR Compliance

The European Union's (EU) General Product Safety Regulation (GPSR) is a set of rules that requires consumer products to be safe and our obligations to ensure this.

If you have any concerns about our products, you can contact us on ProductSafety@springernature.com

In case Publisher is established outside the EU, the EU authorized representative is:

Springer Nature Customer Service Center GmbH
Europaplatz 3
69115 Heidelberg, Germany

Batch number: 10830943

Printed by Printforce, the Netherlands